SUMARIO

RADIOGRAFÍA DE LA DERECHA RADICAL

V

TRUMPISMOS

NEOLIBERALES Y AUTORITARIOS

MIGUEL URBÁN

PRÓLOGO DE **MICHAEL LÖWY** · EPÍLOGO DE **JAIME PASTOR**

AL VUELO

■ Mientras el canciller alemán llama a los países europeos a producir armamento de forma masiva y la presidencia española de la Unión Europea da un nuevo impulso a la militarización de las fronteras y al extractivismo del Sur global, el Estado de Israel, con la complicidad de EEUU y la UE, entierran lo que queda del derecho internacional bajo las ruinas de Gaza.

"Desconfianza en la suerte de la libertad, desconfianza en la humanidad europea (...) y solo una confianza ilimitada en la I. G. Farben y en el perfeccionamiento pacífico de las fuerzas aéreas", escribía con ironía surrealista Walter Benjamin antes de la Segunda Guerra Mundial. En efecto, mientras a nivel mundial se agrava la competencia interimperialista, aumenta el militarismo y el neoliberalismo autoritario cotiza al alza, la reindustrialización *pacífica* del *capitalismo verde* nos lleva directos al abismo ecosocial y bélico.

Si para Benjamin el Surrealismo había representado la "última instantánea de la inteligencia europea" en el siglo XX, sin duda, el alzamiento zapatista del 1 de enero de 1994 de los pueblos indígenas en Chiapas, coincidiendo con la entrada en vigor del Tratado de Libre Comercio de América del Norte, representa la primera instantánea de la inteligencia y la solidaridad internacionalista del siglo XXI para todo el mundo globalizado después del "corto Siglo XX" (Eric J. Hobsbwan).

Hoy, 30 años después, mientras pequeños agricultores y movimientos ecologistas reclaman soberanía alimentaria y denuncian los tratados de libre comercio en el campo europeo, cabe recordar cómo al grito de *¡Ya Basta!* la insurrección indígena del EZLN abrió una nueva etapa de esperanza y lucha para las y los de abajo a nivel mundial que aún persiste. Todo ello, frente a los profetas del fin de la historia y del libre mercado como el *menos malo de los mundos posibles.*

Así lo explican **Júlia Martí Comas** y **Arturo Landeros** en este número: "Hoy, 30 años después de su primera aparición pública, queremos dedicar este **Plural** al Zapatismo, para recorrer su historia, pero, sobre todo, reconocer los aprendizajes y lecciones que nos han brindado en su caminar"

Una historia, un caminar y una actualidad que nos irán desgranando desde diferentes puntos de vista el mismo **Arturo Landeros**, **Luis Hernández Navarro**, **Marta Durán de Huerta**, **Arturo Anguiano**, **Raúl Romero** y **Lola Cubells.**

Y en el primer artículo de **El desorden global**, hemos querido mostrar cómo frente al fracaso de la transición ecológica desde arriba, la clase trabajadora puede y debe ser el motor de la justicia climática y la transición ecológica desde abajo a partir de la convergencia de las luchas comunitarias con los centros de trabajo. Así lo explican **Lorenzo Feltrin** y **Emanuele Leonardi**, a partir de la experiencia concreta de la fábrica de ejes para automóviles GKN Driveline (Florencia).

Por su parte, **Christian Laval**, nos ofrece un análisis del auge de la extrema derecha a partir de las nuevas mutaciones del neoliberalismo: "Estas nuevas formas autoritarias de dominación neoliberal nos recuerdan que se trata de una verdadera guerra civil, abierta o larvada, contra todas las fuerzas organizadas, las instituciones y las subjetividades que no obedezcan al modelo de la empresa y a la norma de la competencia."

En los dos siguientes artículos de esta sección, **Jamal Nabulsi** y **Samar Maqusi,** nos ofrecen, respectivamente, dos miradas desde dentro del proceso de colonización y genocidio del pueblo palestino. El primero nos habla de cómo los asentamientos y las prácticas de colonización sionista responden a una política sistemática y consciente de eliminación del pueblo palestino. La segunda, nos explica cómo, por esa misma razón, los campos de refugiados y refugiadas palestinos han devenido un espacio de resistencia y de lucha armada para lograr la autodeterminación.

En el **Plural 2**, escribe **Francis Vergne** para acercarnos a "los mecanismos, gramáticas y prácticas de la escuela neoliberal". Señalando las luchas y elementos estratégicos de una educación democrática que podrían subvertirla.

También **Javier Gil** y **Jaime Palomera** nos sitúan en un debate estratégico de primer orden en la sección de **Aquí y ahora.** A partir de la experiencia de las luchas de los Sindicatos de Inquilinas, reflexionan sobre el papel que pueden jugar las luchas legislativas como una herramienta, entre otras, de una estrategia más amplia de transformación social y política en ruptura con el capitalismo rentista.

En **Miradas** volvemos al zapatismo a través de la fotógrafa mexicana **Daliri Oropeza** quién en *Visualizar el horizonte* nos muestra las comunidades zapatistas en su día a día y sus luchas "más allá de los momentos más mediáticos".

Y en **Voces** nos acercamos a la poesía del **José Vicente Barcia** a través de su primer poemario *Incendio otoño*, cuya obra nos ofrece "un habitar el presente digno y respetuoso con todo lo vivo al permanecer frente a la tensión de la muerte". Por último, contamos con la sección habitual de **Subrayados** y su comentario de libros.

●●●

No puedo acabar esta presentación sin recordar a **Miguel Romero**, **Moro**, y agradecerle a él, a **Jaime Pastor** y a todos los compañeros y compañeras de la revista ***viento* sur** su ayuda, enseñanzas y camaradería, sin las cuales no me habría permitido nunca empezar esta nueva etapa como editor de la revista. A todas y todos ellos, gracias. Como decía Bensaïd, militar por otro mundo no es un placer solitario. **M. C.**

Ecologismo de la clase trabajadora y justicia climática

Lorenzo Feltrin y Emanuele Leonardi

■ El 9 de julio de 2021, Melrose Industries anunció el cierre de su fábrica GKN Driveline (ex FIAT) de ejes para automóviles en Campi di Bisenzio, Florencia, así como el despido de sus trabajadores y trabajadoras (más de 400). Mientras que en muchos casos de este tipo las y los trabajadores y los sindicatos se conforman con negociar mayores indemnizaciones por despido, el Colectivo de la Fábrica GKN ocupó las instalaciones e inició una larga lucha contra el desmantelamiento de la empresa. Sin embargo, lo que hace realmente único el conflicto de GKN Florencia es la estrategia adoptada por los trabajadores y trabajadoras, que sellaron una alianza con el movimiento por la justicia climática redactando un plan de reconversión para un transporte público sostenible y exigiendo que se adoptara. Dicha estrategia engendró un ciclo de amplias movilizaciones -que sacaron repetidamente a decenas de miles de personas a la calle-, de modo que el conflicto sigue abierto y la fábrica permanece ocupada a día de hoy. En diciembre de 2022, la Fundación Feltrinelli de Milán sacó un número especial de sus *Quaderni*, en el que publicó el "Plan para un Centro Público de Movilidad Sostenible" redactado por el Colectivo de la Fábrica GKN y su grupo de investigación solidaria. Este artículo -sobre el fracaso de la transición ecológica *desde arriba* y la necesidad de una convergencia entre las luchas en el centro de trabajo y las luchas comunitarias para avanzar hacia una transición *desde abajo*- se publicó originalmente en italiano como posfacio al Plan.

El fracaso de la transición ecológica desde arriba

Desde las grandes huelgas climáticas de 2019, y más aún tras el reconocimiento de las raíces medioambientales de la pandemia de la covid-19, la transición ecológica parece estar en todas partes. Mientras que la Unión Europea la convirtió en la piedra angular de su estrategia de recuperación, el Gobierno de Draghi incluso estableció un nuevo ministerio orientado a ella. Sin embargo, basta un rápido repaso histórico para frenar todo entusiasmo. En efecto, al menos desde 1992 -año de la célebre Cumbre de la Tierra de Río de Janeiro- y bajo la tutela de las Naciones Unidas, los países implicados legislan según una estrategia que podemos definir como de *transición ecológica desde arriba*. La idea fuerte que la sustenta es tan simple como disruptiva: no es cierto, como se creía antes, que la preservación del medio ambiente y el crecimiento económico se excluyan mutuamente. Al contrario, la economía verde bien entendida es capaz de internalizar el límite ecológico, que pasa de ser un *obstáculo* al desarrollo capitalista a convertirse en el *fundamento* de un nuevo ciclo de acumulación.

1. EL DESORDEN GLOBAL

Centrando nuestra atención en la gobernanza climática, la traducción de esa idea central es la siguiente: aunque el calentamiento global representa un fracaso del mercado, derivado del hecho de que no se tienen en cuenta las denominadas *externalidades negativas*, la única forma de abordarlo es estableciendo nuevos mercados para poner precio -e intercambiar- distintos tipos de *productos básicos de la naturaleza*; por ejemplo, la capacidad de los bosques para absorber CO_2. No se trata de viajes descabellados en un reino platónico de teoría abstracta: estos mecanismos flexibles para la mercantilización del clima, establecidos por el Protocolo de Kioto en 1997 y relanzados por el Acuerdo de París de 2015, siguen siendo la principal herramienta de política económica desplegada por la Convención Marco de las Naciones Unidas sobre el Cambio Climático.

Desde el principio, la promesa de *esta* transición ecológica -aplicada al calentamiento global- fue ambiciosa y explícita: la *mano invisible* del mercado sería capaz de reducir las emisiones de gases de efecto invernadero y, al mismo tiempo, garantizar altas tasas de beneficio. Sin duda, un cuarto de siglo es un lapso de tiempo suficiente para evaluar la eficacia de una política pública, más aún en el caso de la crisis ecológica, pues la urgencia de tomar medidas decisivas al respecto es evidente. La pregunta entonces es: ¿han disminuido las emisiones?

Gráfico 1. Emisiones anuales de CO_2

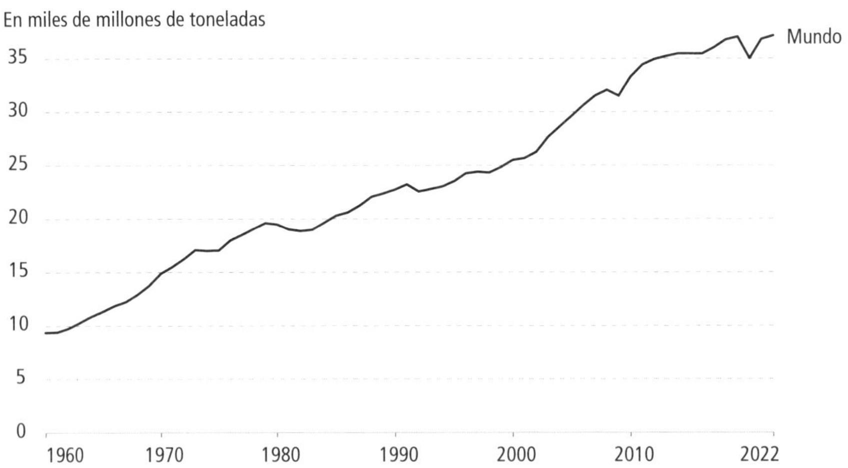

Nota: Emisiones de dióxido de carbono (CO_2) procedentes de combustibles fósiles y de la industria. No se incluye el cambio de uso del suelo. Emisiones fósiles: Las emisiones fósiles miden la cantidad de dióxido de carbono (CO_2) emitido por la quema de combustibles fósiles y directamente por procesos industriales como la producción de cemento y acero. El CO_2 fósil incluye las emisiones de carbón, petróleo, gas, combustión en antorcha, cemento, acero y otros procesos industriales. Las emisiones fósiles no incluyen el cambio de uso del suelo, la deforestación, los suelos ni la vegetación.

Fuente: Global Carbon Project **1/**

1/ https://ourworldindata.org/co2-emissions.

Este gráfico vale más que un millón de palabras: no, las emisiones no han disminuido.

Se han vertido ríos de tinta para debatir las razones de tal fiasco. He aquí algunas hipótesis: excesiva *generosidad* en la asignación de las cuotas, información errónea, corrupción omnipresente, fallos de diseño, deficiencias normativas. Sin embargo, el resultado -que es lo más importante- está meridianamente claro: situar el mercado como eje de la política económica y climática no conduce a una disminución de las emisiones, sino a nuevos aumentos. Un fiasco irredimible. Siendo conscientes de ello, podemos proceder a plantear la cuestión de la convergencia entre las luchas en los centros de trabajo y la justicia climática en la actualidad **2/**.

La raíz obrera de la ecología política

Antes de entrar en el meollo de la cuestión, conviene hacer dos advertencias. La primera se refiere al hecho de que la transición ecológica *desde arriba* sugiere una compatibilidad -más aún: una afinidad electiva- entre la protección del medio ambiente y el crecimiento económico, a condición de relegar, marginándolo, al movimiento obrero y su función social de lucha contra las desigualdades; o, lo que es peor, calificándolo de actor refractario al cambio en nombre de la protección de empleos ecológicamente insostenibles. El sujeto de la *economía verde* es el propio *empresario*: audaz, ilustrado, inteligente. De hecho, su capacidad innovadora nace de la indiferencia ante las trabas que suponen los cuerpos intermedios (los sindicatos, en primer lugar) y la lentitud burocrática del procedimiento institucional, en particular de las prácticas democráticas. Esto genera una tendencia -segunda advertencia- a suponer que la defensa de las condiciones de trabajo y del ecologismo están irremediablemente enfrentadas. La idea subyacente es que el chantaje laboral -o la *salud o el salario*- es fundamental para el destino de la industria.

Esta narrativa ha recibido cierta legitimación historiográfica que, aunque no sea completamente falsa, es ciertamente parcial y dista mucho de ser inocente. Fechar la primera politización generalizada sobre la cuestión medioambiental en el periodo comprendido entre finales de los años setenta y principios de los ochenta -es decir, después del gran ciclo de luchas de la fase *fordista*- es, de hecho, una interiorización implícita de la derrota del llamado *Largo 1968*, una extraordinaria temporada de movilizaciones que había apuntado que la democracia económica era una condición necesaria para combatir la degradación medioambiental en el centro de trabajo, incluida

2/ Por justicia climática entendemos una perspectiva que considera el calentamiento global como un síntoma de desigualdad a escala planetaria. Dicha desigualdad puede adoptar dos formas: entre el Norte y el Sur Global (es decir, entre los países que tienen más responsabilidades en la creación del problema y los que están más expuestos a sus consecuencias perjudiciales) y entre las clases sociales (las responsabilidades de las inversiones en combustibles fósiles, al igual que sus impactos, no se distribuyen por igual también en este aspecto). Las primeras versiones de la justicia climática -a finales de los años 90- hacían hincapié en la primera forma. Desde 2019, sin embargo, ha habido más intentos de articular ambas formas en una crítica internacional y social del "capitalismo fósil".

la contaminación del aire, el suelo y el agua, eliminándola en algunos casos por completo.

Para evitar malentendidos, aclaremos que es innegable que tal derrota se produjo. Sin embargo, es legítimo cuestionar su supuesta inevitabilidad. Además, el constante deterioro de las bases materiales de la reproducción de la biosfera hace que sea extremadamente urgente contemplar ese giro histórico desde una nueva perspectiva. De hecho, la marginación del movimiento obrero no ha venido acompañada de la erradicación de la nocividad industrial. A pesar de décadas de negociaciones sobre el clima, en los últimos treinta años la cantidad de emisiones de gases de efecto invernadero ha superado el total producido entre el siglo XVIII y 1990. Para abrir el espacio a (re)vincular el movimiento ecologista y el obrero es necesario liberarse del fetiche de una complicidad entre el capital y el medio ambiente. En pocas palabras, lo que necesitamos es eso, y lo ejemplifica perfectamente el *Plan para un Centro Público de Movilidad Sostenible.*

En este contexto, reinterpretar los conflictos en torno a la nocividad que tuvieron lugar entre los años sesenta y setenta permite demostrar que la cuestión ecológica se politizó ampliamente *gracias* al movimiento obrero, no *a pesar de* él. Fue a raíz de conflictos duros e innovadores, como los de las unidades de pintura de FIAT o las plantas químicas de Montedison, que la cuestión de un medio ambiente sano -primero en la fábrica y después en el territorio que la rodea- dejó de ser un tecnicismo para convertirse en la apuesta política de las luchas sindicales y del movimiento social.

La cuestión ecológica se politizó ampliamente *gracias* al movimiento obrero, no *a pesar de* él

Podemos utilizar la evocadora fórmula *ecologismo de la clase trabajadora* para designar la constitución de un saber partidario centrado en el centro de trabajo. Éste se convirtió así en un tipo peculiar de ecosistema en la medida en que la clase obrera lo convirtió en su hábitat *natural,* acabando por conocerlo mejor que nadie. No es casualidad que los conflictos contra la nocividad industrial fueran los primeros en criticar ferozmente la llamada *monetarización de la salud,* es decir, la idea de que los aumentos salariales y las primas podían compensar la exposición a sustancias tóxicas -a veces mortales- y otras formas de riesgos laborales. Fue en torno a la imposibilidad de indemnizar los daños a la salud como figuras clave de aquellas batallas -entre otras, Ivar Oddone en Turín y Augusto Finzi en Porto Marghera- centraron las campañas militantes duraderas, cuyo rastro es fácilmente reconocible en la reforma sanitaria de 1978 que estableció el servicio nacional de salud de Italia.

Hay que añadir dos elementos importantes. El primero, que las luchas contra la nocividad industrial no habrían tenido un impacto tan disruptivo sin su conexión con movilizaciones más amplias que afirmaban la importancia de la reproducción social gracias al desarrollo del pensamiento feminista. El segundo, que el movimiento obrero no consiguió alcanzar una estrategia unificada: más bien surgió una tensión entre la perspectiva de una *redención del* trabajo asalariado -apoyada, por ejemplo, por Bruno Trentin, que en aquella época era el secretario general de la Federazione Impiegati Operai Metallurgici (FIOM), el mayor sindicato metalúrgico- y la de una *liberación del* trabajo asalariado, abrazada por las organizaciones obreristas como *Potere Operaio* primero y *Autonomia Operaia* después.

Creemos razonable suponer que la incapacidad de conciliar estas dos opciones en torno a la reivindicación común de una reducción de la jornada laboral (sin recortes salariales) fue un elemento significativo en la derrota de ese ciclo de luchas. En lugar de un poder de la clase obrera sobre la composición cualitativa de la producción, lo que se produjo fue la violenta reacción del capital: fragmentación del trabajo, reducción del Estado del bienestar, financiarización acelerada, así como -desde el punto de vista medioambiental- la transición ecológica *desde arriba* que acabamos de esbozar. Sin embargo, a medida que se manifiesta el fracaso de dicha estrategia, se reabre el juego. El recuerdo de las luchas de hace medio siglo adquiere hoy una relevancia renovada y la cuestión de la convergencia entre los conflictos laborales y las movilizaciones climáticas y medioambientales se revela como extremadamente actual.

Converger para levantarse, en y contra la crisis ecológica

La derrota del Largo 1968 nos impulsó a un mundo de *desindustrialización nociva*, concepto que designa la desindustrialización del empleo en zonas donde siguen funcionando industrias significativamente nocivas. Según las estimaciones recientemente actualizadas de la OIT, el porcentaje mundial de empleo en el sector manufacturero ha disminuido lenta pero constantemente, pasando del 15,6% en 1991 al 13,6% en 2021. Durante el mismo período, las emisiones de carbono generadas por combustibles fósiles -que incluyen las de los dispositivos producidos por la industria, pero utilizados en todos los demás sectores y por los consumidores finales- aumentaron de 23 000 a 36 000 millones de toneladas anuales (como muestra el Gráfico 1). Además, según Climate Analysis Indicators Tool, entre 1991 y 2018, las emisiones generadas directamente por la industria pasaron de 4 400 a 7 600 millones de toneladas. En resumen, la lógica del beneficio se tradujo tanto en la pérdida (relativa) de puestos de trabajo en las fábricas, con la precarización del empleo que suele seguirles, como en la profundización de la devastación medioambiental.

Las temperaturas sin precedentes, las sequías, las malas cosechas, el deshielo de los glaciares y las muertes causadas por condiciones meteorológicas extremas que presenciamos en 2022 son la enésima confirmación de que la situación es dramática. Estamos *en la crisis ecológica,* no sólo como víctimas de los impactos de la devastación medioambiental distribuidos de forma muy desigual en función de la clase, la *raza* y el género a escala global. Estamos en crisis porque, en nuestra sociedad, la subsistencia de la clase trabajadora depende del trabajo capitalista y, por tanto, la mayoría de la gente depende del crecimiento infinito de la producción de mercancías. En este sentido, el chantaje laboral no concierne sólo a las instalaciones productivas altamente nocivas, es más bien una propiedad intrínseca y transversal del capitalismo que aparece con niveles variables de intensidad en diferentes contextos.

Para plantear la cuestión de cómo fortalecer un ecologismo desde abajo, nos parece útil actualizar el método de análisis de la composición de clase siguiendo tres líneas: 1) una concepción ampliada de la clase obrera, definida por la obligación de vender su fuerza de trabajo; 2) una concepción del trabajo que incluya tanto la producción como la reproducción; 3) una concepción de los intereses de la clase obrera que abarque tanto el lugar de trabajo como la comunidad (o el territorio).

En primer lugar, consideramos parte de la clase obrera a todas aquellas personas que -desposeídas de la propiedad y el control de importantes magnitudes de medios de producción- viven bajo la compulsión de vender su fuerza de trabajo, tanto para la producción de mercancías como para la reproducción de fuerza de trabajo adicional, independientemente de que encuentren o no compradores estables. Aunque esta conceptualización excluye a la clase media, en la que el capital delega algunas responsabilidades en la gestión de la sociedad, no obstante, es más amplia que las estrechas visiones dominantes; lo suficientemente amplia como para incluir a la gente desempleada, a las y los trabajadores reproductivos, informales, la y los intelectuales subordinados y los trabajadores y trabajadoras autónomas dependientes.

En segundo lugar, siguiendo al feminismo de la reproducción social, definimos como trabajo capitalista todas aquellas actividades -asalariadas y no asalariadas, directamente productivas y reproductivas- explícita o invisiblemente subordinadas a la acumulación de capital, independientemente del sector económico. De hecho, las personas desposeídas trabajan en la fabricación de mercancías (trabajo directamente productivo) o en la fabricación no directamente mercantilizada y en el mantenimiento de una mano de obra empleable para el capital (trabajo reproductivo). La distinción entre trabajo directamente productivo y reproductivo no viene determinada por diferentes tipos de actividades concretas, sino por la *frontera de la desmercantilización* **3/**.

En tercer lugar, consideramos que los intereses de la clase obrera están relacionados tanto con el centro de trabajo como con la comunidad o el territorio. La distinción entre el centro de trabajo y la comunidad -al igual que entre producción y reproducción- no se basa en espacios físicos diferentes, sino en las relaciones sociales: el lugar de trabajo es el ámbito de las y los *trabajadores como productores o reproductores*, mientras que la comunidad es la

3/ Por ejemplo, los alimentos son necesarios para la reproducción de la fuerza de trabajo. Sin embargo, cultivar alimentos para una empresa agrícola es directamente productivo; cultivarlos para el autoconsumo en un contexto capitalista es reproductivo.

esfera de las y los *trabajadores como reproducidos* 4/. A menudo, los intereses de la clase trabajadora se conciben como centrados en la fábrica (seguridad laboral, salarios altos, salud y seguridad, etc.). Sin duda, la redistribución de la riqueza a través de salarios más altos por menos horas ayudaría a superar el dilema entre empleo y medio ambiente al reducir, en primer lugar, la necesidad de puestos de trabajo. Pero, en cualquier caso, los trabajadores y trabajadoras no desaparecen cuando abandonan su puesto de trabajo. Al contrario, vuelven a sus barrios, respiran el aire fuera de las fábricas y oficinas, disfrutan de su tiempo libre relacionándose con la ecología que les rodea. Así pues, los intereses de la clase trabajadora no sólo tienen que ver con los derechos laborales, sino también con las condiciones de sus comunidades (precios al consumo, servicios de bienestar, entornos saludables, etc.).

La triple expansión de los intereses de la clase obrera, del trabajo y de la clase trabajadora propuesta aquí pretende superar las perspectivas que refuerzan el chantaje laboral. De hecho, si el *verdadero* trabajo es únicamente asalariado e industrial y, por tanto, la *verdadera* clase obrera es desproporcionadamente masculina (y blanca, hasta hace poco), y si los *verdaderos* intereses de la clase obrera consisten principalmente en mantener el propio puesto de trabajo tal y como está, la salida está fuera de nuestro alcance. Este callejón sin salida se agrava aún más si se considera que las movilizaciones comunitarias carecen de contenido de clase, como si los habitantes de las comunidades afectadas por graves injusticias medioambientales, en su mayoría de clase trabajadora, no tuvieran que trabajar para ganarse la vida. Por el contrario, una comprensión integradora de tales conceptos se presta más fácilmente a la creación de coaliciones entre trabajadoras y trabajadores situados de forma diferenciada dentro del sistema de género-*raza*-clase.

En la teoría obrerista, la forma en que se organiza y estratifica la fuerza laboral en el centro de trabajo a través de procesos de producción, niveles tecnológicos, diferencias salariales, cadenas de valor, etc., constituye la composición técnica de la clase, su lado *objetivo*, por así decirlo. En cambio, la composición política de la clase obrera está dada por el grado en que las y los trabajadores como clase superan, o no, sus divisiones para hacer valer sus intereses comunes frente al capital. Este es el lado *subjetivo*, compuesto por las formas de conciencia, lucha y organización de los trabajadores y trabajadoras. Seth Wheeler y Jessica Thorne propusieron útilmente actualizar este marco añadiendo la composición social de la clase trabajadora, es decir, las formas en que las y los trabajadores se reproducen en la comunidad, por ejemplo, a través de la familia, la vivienda, el bienestar y los regímenes de salud. El lado objetivo de la composición de clase se bifurca entonces entre

4/ En algunos casos, un espacio físico es a la vez lugar de trabajo y entorno comunitario para las mismas personas. Por ejemplo, el hogar es a la vez un lugar de trabajo para el trabajo reproductivo (o también para el trabajo productivo, como en el trabajo a distancia) y un entorno comunitario. En otros casos, un espacio físico es un lugar de trabajo para unos y un entorno comunitario para otros. Por ejemplo, un hospital es el lugar de trabajo de sus empleados y un entorno comunitario para sus pacientes.

la composición técnica (relacionada con el centro de trabajo) y la composición social (relacionada con la comunidad).

Desde esta perspectiva, es posible analizar cómo se segmenta la clase trabajadora también en relación con la degradación medioambiental. Por ejemplo, las comunidades cercanas a las industrias altamente contaminantes suelen estar desproporcionadamente compuestas por los segmentos más desfavorecidos de la clase trabajadora, en muchos casos también racializados, y no necesariamente tienen un acceso generalizado a los puestos de trabajo en las fábricas. Para estos segmentos de la clase trabajadora, la transición ecológica local supondría un bienvenido descenso de las tasas de cáncer y otras enfermedades superiores a la media. Sin embargo, para quienes trabajan en industrias contaminantes, la situación es diferente, aunque no necesariamente irreconciliable. Para ellas, las transiciones ecológicas representan más bien un riesgo de acabar en empleos más precarios y peor pagados.

Romper el chantaje creando convergencias entre las luchas en el lugar de trabajo y las luchas comunitarias

El desafío de estar en *contra de* la crisis ecológica es, por tanto, el de romper el chantaje creando convergencias entre las luchas en el lugar de trabajo y las luchas comunitarias. Este paso dista mucho de ser automático, ya que la clase trabajadora está fragmentada a lo largo de una miríada de configuraciones ocupacionales y residenciales, una realidad objetiva que con demasiada frecuencia alimenta las divisiones entre el sindicalismo, como expresión de los intereses en el centro de trabajo, y el *ecologismo desde abajo*, como expresión de los intereses comunitarios de la clase trabajadora. Se trata de esforzarse por recomponer políticamente esas divisiones construyendo plataformas reivindicativas que articulen las luchas en el centro de trabajo y en la comunidad.

Conclusiones: el conflicto en GKN y la transición ecológica desde abajo

La lucha del Colectivo de la Fábrica GKN es un paso clave en la construcción de una alternativa a una transición ecológica *desde arriba* que -al no cuestionar el sistema que produjo la crisis- no tiene mucho que ofrecer en términos de sostenibilidad real. De hecho, recuperando el hilo rojo del ecologismo obrero, el Colectivo realizó una demostración práctica y militante de que la convergencia entre el centro de trabajo y la comunidad territorial en torno a las consignas de la justicia climática es una estrategia viable. En la práctica, su enfoque innovador fue capaz de generar amplias movilizaciones de masas, sacando repetidamente a la calle a decenas de miles de personas y consiguiendo alterar de ese modo un plan de reestructuración que no ha encontrado una resistencia impactante en situaciones similares en otros lugares. Como muestra claramente la declaración conjunta del Colectivo de la Fábrica GKN y Fridays for Future para convocar las grandes manifestaciones de los días 25 y 26 de marzo de 2022, este proceso va más allá del destino de la propia fábrica:

"Una verdadera transición climática, ecológica y social no puede prescindir de la capacidad de una sociedad para establecer formas de planificación integrales y sostenibles. Y esa planificación no puede generarse a través de chantajes y jerarquías laborales o en la opresión y represión de las comunidades -como ocurre desde hace años, por ejemplo, en el Valle de Susa-, sino que debe provenir de un despertar de la democracia radical y participativa" **5/**.

Tales palabras captan la dimensión sistémica de nuestra difícil situación. En realidad, la mercantilización es una cuña que separa la producción capitalista de la reproducción de la vida, subordinando la segunda a la primera. El beneficio no se basa únicamente en el crecimiento infinito, sino también en la capacidad de producir cosas que la gente compre. Sin embargo, las opciones de consumo del mercado son intrínsecamente individualistas y a corto plazo, mientras que la planificación democrática es colectiva y potencialmente previsora. El plan de reconversión elaborado por el Colectivo de la Fábrica GKN y su grupo de investigación solidaria es un ejemplo de cómo esos horizontes aparentemente lejanos pueden encontrar, incluso en la desfavorable coyuntura política actual, una salida concreta: la nacionalización bajo control obrero para la creación de un Centro Público de Movilidad Sostenible.

Junto con la dimensión cualitativa de la desmercantilización, también debe abordarse el aspecto cuantitativo y distributivo relacionado con los niveles de ingresos y las horas de trabajo:

"Exigimos una reducción de la jornada laboral sin recortes salariales para que las cuotas de trabajo se redistribuyan equitativamente entre la población. Es posible trabajar menos si todo el mundo trabaja, y es un derecho por el que todo trabajador, de hoy y de mañana, debe luchar" **6/**.

En efecto, la subida de los precios de los alimentos y de la energía a lo largo de 2022 -que ha generado una oleada de movilizaciones y revueltas de masas en múltiples países (Perú, Ecuador, Panamá, Sri Lanka, Sierra Leona, etc.)-

5/ Colectivo de Fábrica GKN y Fridays for Future, 2022, "25-26: Una sola data". Otro ejemplo de esta toma de conciencia se encuentra en la declaración conjunta del Colectivo de Fábrica GKN y Fridays for Future, que llama a la segunda doble fecha de convergencia (la huelga climática del 23 de septiembre de 2022 y la manifestación nacional "Converger para levantarse" del 22 de octubre de 2022 en Bolonia): "La sequía, el deshielo de los glaciares seculares y las olas de calor cada vez más intensas son la dramática confirmación de los cambios engendrados por el calentamiento global. Luchamos constantemente por llegar a fin de mes, contra la precariedad, contra la externalización, contra la inflación y por un salario digno. Sin embargo, la lucha por el fin de mes no tiene sentido si no la ganamos contra "el fin del mundo". Y es imposible conseguir que una parte cada vez mayor de la población se implique en la lucha contra el fin del mundo si no la unimos a la lucha por llegar a fin de mes".

6/ *Ibídem.*

confirmó que ninguna transición ecológica será posible sin una redistribución de la riqueza a escala mundial.

Ninguna transición ecológica será posible sin una redistribución de la riqueza a escala mundial

He aquí, pues, los elementos clave de una transición ecológica *desde abajo*: desmercantilización de la producción, reducción de la jornada laboral, redistribución de la riqueza. La convergencia entre las luchas en el centro de trabajo y las luchas comunitarias, de la que el conflicto de GKN es un ejemplo, será un nodo crucial para las amplias movilizaciones necesarias para llegar a fin de mes y, al mismo tiempo, ir más allá del fin del mundo.

* Esta contribución se realizó con el apoyo de la beca de investigación ECF-2020-004 del Leverhulme Trust.

https://projectpppr.org/populisms/working-class-environmentalism-and-climate-justice-the-challenge-of-convergence-todaynbsp#edn_4=

Traducción: Martín Lallana

Referencias

Balestrini, Nanni y Moroni, Primo (2021 [1988]) *The golden horde: Revolutionary Italy, 1960–1977*, Kolkata: Seagull Books. [La horda de oro: La gran ola revolucionaria y creativa política y existencial (1968-1977), Madrid: Traficantes de Sueños].

Barca, Stefania (2020) *Forces of reproduction: Notes for a counter-hegemonic Anthropocene*, Cambridge: Cambridge University Press.

Barca, Stefania, y Leonardi, Emanuele (2018) "Working-class ecology and union politics: A conceptual topology", *Globalizations*, 15 (4), pp. 487-503.

Bell, Karen (2021) "Working-class environmentalism in the UK: Organising for sustainability beyond the workplace", en Räthzel, Nora; Stevis, Dimitris y Uzzell, David (eds), *The Palgrave handbook of environmental labour studies*, London: Palgrave, pp. 441-463.

Benegiamo, Maura, y Leonardi, Emanuele (2021) "André Gorz's Labour-based political ecology and its legacy for the XXI century", en Räthzel, Nora; Stevis, Dimitris y Uzzell, David (eds), *The Palgrave handbook of environmental labour studies*, London: Palgrave, pp. 721-741.

Bologna, Sergio (1991-92 [1987]) "The theory and history of the mass worker in Italy", *Common sense*, 11, pp. 16-29 y 12, pp. 52-78.

Borghi, Vando, (2021), "Capitalismo delle infrastrutture e connettività: Proposte per una sociologia critica del mondo a domicilio", *Rassegna italiana di sociologia*, 3, pp. 671-699.

Collettivo di Fabbrica GKN (2022) *Insorgiamo: Diario collettivo di una lotta operaia (e non solo)*, Rome: Alegre.

Dalla Costa, Mariarosa (2019) *Women and the subversion of the community: A Mariarosa Dalla Costa reader*, Oakland: PM Press.

Davigo, Elena (2017) *Il movimento italiano per la tutela della salute negli ambienti di lavoro (1961-1978)*, PhD tesis, Università degli Studi di Firenze

Dyer-Witheford, Nick (2018) "Struggles in the Planet Factory: Class composition and global warming", en Jagodzinski, Jan (ed.), *Interrogating the Anthropocene: Ecology, aesthetics, pedagogy, and the future in question*, Berlin: Springer, pp. 75-103.

Feltrin, Lorenzo (2022) "Situating class in workplace and community environmentalism: Working-class environmentalism and deindustrialisation in Porto Marghera, Venice", *The sociological review*, 70 (6), 1141-1162.

Feltrin, Lorenzo y Sacchetto, Devi (2021) "The work-technology nexus and working-class environmentalism: Workerism versus capitalist noxiousness in Italy's Long 1968", *Theory and society*, 50 (5), pp. 815-835.

Feltrin, Lorenzo, Mah, Alice y Brown, David (2022) "Noxious deindustrialization: Experiences of precarity and pollution in Scotland's petrochemical capital", *Environment and planning C*, 40 (4), pp. 950-969.

Fortunati, Leopoldina, (1996 [1981]), *The arcane of reproduction: Housework, prostitution, labor and capital*, Nueva York: Autonomedia.

Gabbriellini, Francesca y Gabbuti, Giacomo (2022), "How striking auto workers showed Italy the way out of decline", *Jacobin mag*,_https://jacobin.com/2022/08/gkn-driveline-florence-factory-collective-strike.

Hansen, Bue R. (2020) "The interest of breathing: Towards a theory of ecological interest formation", *Crisis & critique*, 7 (3), pp. 108-137.

Leonardi, Emanuele (2019) "Bringing class analysis back in: Assessing the transformation of the value-nature nexus to strengthen the connection between Degrowth and Environmental Justice", *Ecological Economics*, 156, pp. 83-90.

Oddone, Ivar (1979) *Psicologia dell'ambiente: Fabbrica e territorio*, Turin: Giappichelli.

Pellizzoni, Luigi, Leonardi, Emanuele y Asara, Viviana –eds.– (2022), *Handbook of critical environmental politics*, London: Edward Elgar.

Ruzzenenti, Marino (2020) "Le radici operaie dell'ambientalismo italiano", *Altronovecento*, https://altronovecento.fondazionemicheletti.eu/dossier-1970-le-radici-operaie-dellambientalismo-italiano.

Sacchetto, Devi y Sbrogiò Gianni –eds.– (2009) *Quando il potere è operaio: Autonomia e soggettività politica a Porto Marghera, 1960–1980*, Rome: Manifesto Libri.

Salvetti, Dario (2022) "Dalla coincidenza alla convergenza: Lotta operaia e giustizia climatica alla GKN", *Le parole e le cose*, https://www.leparoleelecose.it/?p=43209.

Wheeler, Seth y Thorne, Jessica (2018) "The workers' inquiry and social composition", *Notes from below*, https://notesfrombelow.org/article/workers-inquiry-and-social-composition.

Zazzara, Gilda (2009) *Il Petrolchimico*, Padua: Il Poligrafo.

Lucha y militancia
en las cárceles del franquismo (1968-1977)

PALABRAS CONTRA EL OLVIDO

DAVID BEORLEGUI ZARRANZ
y CARMEN OCHOA BRAVO
(coords. y eds.)

[ensayo]

laovejaroja

Cómo el neoliberalismo destruye la democracia

Christian Laval

■ La constatación es evidente. Las democracias liberales, parlamentarias, adosadas a Estados llamados de derecho, hacen frente, en el exterior, a regímenes que aborrecen esa forma política, mientras que, en su interior, son saboteadas por una amplia fracción de fuerzas de derecha o extrema derecha. Los recientes éxitos electorales de las formaciones más nacionalistas y xenófobas en Italia, Holanda y Alemania dan fe de ello. No se trata aquí de aprobar la actuación de las democracias parlamentarias que están históricamente vinculadas al colonialismo y que han dado un envoltorio liberal a la explotación capitalista de la fuerza de trabajo. Se trata más bien de mostrar cómo el neoliberalismo, como modo general de organización económica y social a todos los niveles de la vida, ha funcionado y sigue funcionando como una formidable *máquina de destrucción de la democracia liberal*. Esto es lo que ha llevado a algunos autores, como Wendy Brown, a hablar de *desdemocratización* o, como hemos dicho nosotros, de una "salida de la democracia", para subrayar mejor el carácter antidemocrático fundamental del neoliberalismo **1/**.

La responsabilidad directa de este sabotaje recae en gran medida en la extrema derecha y la derecha radicalizada. Estas fuerzas llevan al espacio público discursos que encuentran su coherencia en un etnonacionalismo teñido a veces de fanatismo religioso y en la elección de un Estado securitario en el que la policía tiene prioridad sobre la justicia. Ésta es la principal tendencia política e ideológica de nuestro tiempo, hasta el punto de que incluso las llamadas derechas moderadas o las formaciones de centro están en gran medida contaminados por ella. La evolución del macronismo en Francia tiene un significado general. Al principio, Macron se presentó como representante de la globalización neoliberal y defensor de la Europa ordoliberal frente el cierre soberanista de *Ressemblement National* [extrema derecha] y contra el iliberalismo de los países de Europa del Este. Con el tiempo, se ha *orbanizado* de forma casi caricaturesca, llegando incluso a retomar recientemente temas antiinmigración, masculinistas y pro-natalistas de la extrema derecha. Pero esta responsabilidad directa no puede ocultar la causa más profunda de esta evolución: el neoliberalismo.

Es difícil identificar estos procesos de extrema derechización cuando no se entiende suficientemente bien la naturaleza del neoliberalismo. En primer lugar, es necesario diferenciar entre liberalismo *en general* y neoliberalismo. Incluso es un profundo error calificar sin más de *liberal* lo que concierne al *neoliberalismo*. Cierto, el neoliberalismo es un liberalismo económico, e incluso radical, pero no concibe esta libertad económica como uno de los

1/ Cf. Brown, Wendy (2007) "Le cauchemar américain: le néoconservatisme, le néolibéralisme et la dé-démocratisation des Etats-Unis", en *Raisons politiques*, 4 (28); Dardot, Pierre y Laval, Christian (2017) *La pesadilla que no acaba nunca, El neoliberalismo contra la democracia*, Barcelona: Gedisa.

aspectos de un vasto conjunto de libertades fundamentales, cada una de las cuales tendría su propia lógica y sus instituciones independientes, sino que la considera como el principio general de la vida social e individual. En otras palabras, se supone que el binomio competencia-empresa remodelará toda la sociedad y sus instituciones. Esta *supremacía absoluta* del mercado contraviene el ideal pluralista de la democracia liberal: se supone que el mercado debe responder en todas las áreas al único propósito de la prosperidad individual y el enriquecimiento de todo el mundo. En otras palabras, el neoliberalismo puede definirse como la extensión indefinida de la racionalidad capitalista a todas las esferas de la existencia, incluso a la subjetividad humana.

Es difícil identificar estos procesos de extrema derechización cuando no se entiende suficientemente bien la naturaleza del neoliberalismo

El neoliberalismo es una estrategia de guerra civil

El neoliberalismo se presenta como una estrategia política de transformación de las sociedades en *órdenes competitivos*, lo que implica el debilitamiento o la eliminación de las fuerzas de oposición, con el objetivo de imponer a las sociedades ciertos estándares operativos generales, de los que el principal es la competencia, que es la única que garantiza la soberanía de la o del consumidor individual **2/**. El mercado competitivo es una especie de imperativo categórico que permite legitimar las medidas más extremas; incluiso el uso de la dictadura militar si fuera necesario, como ocurrió durante el golpe de Estado en Chile en 1973 que fue aplaudido por las autoridades intelectuales del neoliberalismo. El neoliberalismo como lógica general del funcionamiento de una sociedad sólo puede imponerse mediante la neutralización de las fuerzas sociales, políticas y culturales que se le oponen. Pero hay dos medios para lograrlo: el aplastamiento violento a través de un fascismo tradicional o renovado, o la erosión de los resortes y las instituciones de la democracia de forma lenta a lo largo de varias décadas. En ambos casos, la lógica normativa del neoliberalismo presupone la creación de condiciones políticas, ideológicas y sociales para su extensión y, en particular, un debilitamiento de todo lo que pueda obstaculizar la racionalidad del capital.

Si hay una unidad del neoliberalismo no es doctrinal, es esencialmente estratégica, relativa al objetivo final y a los medios para neutralizar a un enemigo capaz de adoptar rostros diferentes según la situación. Es este objetivo único y la diversidad de medios lo que explica la *relativa plasticidad política* del neoliberalismo. En determinadas

2/ Retomo aquí lo fundamental de los temas desarrollados en un libro colectivo, Pierre Dardot, Haud Guéguen, Christian Laval, Pierre Sauvêtre, *Le Choix de la guerre civile, Une autre histoire du néolibéralisme,* Montreal: Lux, 2021.

ocasiones históricas, el neoliberalismo parece fusionarse con el advenimiento o el restablecimiento de la democracia liberal; en otras circunstancias, cuando el orden del mercado parece amenazado, se combina con formas políticas más autoritarias que llegan incluso a la violación de los derechos más básicos de las personas. Y en muchos otros casos, se trata de una democracia parlamentaria que se va vaciando gradualmente de sustancia en beneficio de un Estado policial que ejerce vigilancia y represión sobre todo lo que pueda amenazar el orden sagrado de la competencia. Así, el neoliberalismo puede aparecer, unas veces, como un vector de la democracia liberal y, otras, como un aliado de las peores dictaduras.

Idealmente, en el orden de mercado estructurado por el principio mismo de competencia generalizada, la dominación se ejerce mediante medios económicos y técnicos supuestamente neutrales que pretenden ser mucho más efectivos que la confrontación violenta. Sin embargo, actualmente, en las democracias liberales más antiguas, podemos observar un aumento de la violencia estatal directa contra los ciudadanos y ciudadanas a quienes se les considera no sólo *culpables* ante la ley, sino como enemigos de las leyes fundamentales del orden del mercado. Esta *enemigación* [considerar enemigo al oponente] de los oponentes y los perturbadores es el sello distintivo del momento actual de la historia política. Basta con ver la intensidad de la represión policial y judicial contra quienes perturban el orden social y se atreven a desafiar el poder. Cada vez más, las medidas jurídicas, policiales y tecnológicas específicas de la guerra contra el terrorismo o dirigidas contra las insurgencias armadas se convierten en instrumentos para la gestión ordinaria del orden público.

Estas nuevas formas autoritarias de dominación neoliberal nos recuerdan que se trata de una verdadera *guerra civil*, abierta o larvada, declarada o no, contra todas las fuerzas organizadas, las instituciones y las subjetividades que no obedezcan al modelo de la empresa y a la norma de la competencia.

El papel del Estado en la guerra neoliberal

Todas las y los neoliberales están convencidos de que la intervención estatal es necesaria para lograr y defender ese orden de mercado competitivo. Además, ésta fue la base del acuerdo entre las diferentes corrientes doctrinales que se formuló por primera vez durante el Coloquio Lippmann de 1938 y, por segunda vez, con la fundación de la Sociedad Mont-Pélerin en 1947. Todas las grandes luchas posteriores del neoliberalismo político testimoniarán este acuerdo fundamental en la lucha común contra el Estado de bienestar y contra el comunismo. El Estado neoliberal no es el Estado pasivo, mínimo o débil. Por el contrario, es muy activo a la hora de imponer la lógica de la competencia en las relaciones sociales y el modelo de la empresa en las instituciones, incluidas las públicas.

El Estado neoliberal no es el Estado pasivo, mínimo o débil. Por el contrario, es muy activo

El Estado neoliberal trabaja para luchar contra los mecanismos de protección establecidos en una fase anterior del desarrollo del Estado y, de manera más general, contra todo lo que se relaciona con la igualdad civil y social. El Estado neoliberal se vuelve así contra el Estado social mediante una política deliberadamente *insecuritaria* e *inigualitaria* a nivel social. Pero no son sólo las conquistas del Estado social las que están en cuestión por las políticas neoliberales, sino que también es el funcionamiento clásico de las democracias liberales el que se ve afectado en su esencia:

1) por la *constitucionalización* de la lógica del capital que sustrae la orientación de la política económica del ámbito de la deliberación pública,
2) por la concentración oligárquica del poder, y
3) por el uso de métodos represivos y el chantaje permanente destinados a imponer retrocesos en los derechos sociales de los asalariados y asalariadas y en los derechos políticos de la ciudadanía.

El neoliberalismo nunca ha sido democrático. Desde el inicio, en el núcleo de su proyecto existe un contenido *antidemocrático* fundamental que surge de un deseo deliberado de excluir las reglas del mercado de la orientación política de los gobiernos, consagrándolas como reglas inviolables impuestas a cualquier gobierno. Independientemente de la mayoría electoral de la que provenga. La democracia, según neoliberales como Friedrich Hayek, es un peligro si se interpreta como *soberanía popular*. Porque la soberanía popular conduce a la *socialdemocracia*, que es el primer paso hacia el socialismo y el totalitarismo. El terreno de lo *social*, que nos remite al conjunto de los dispositivos de la protección *social* y a las políticas para redistribuir e igualar los recursos, proviene, según los neoliberales, de una falsa concepción de la democracia y de un abuso de las instituciones que se reclaman de ella. Hay que combatir esa falsa democracia, esa peligrosa democracia, porque está directamente enfocada a eliminar una sociedad basada en la libertad individual **3/**.

F. Hayek está convencido de que la democracia como soberanía popular conduce al socialismo, que contiene en sí misma las semillas de la *democracia totalitaria* debido a la doble creencia en la soberanía popular y en la justicia social, dos mitos que, para él, han desenfrenado el poder público y puesto en grave peligro el orden espontáneo de la sociedad **4/**. Según los neoliberales, hay dos concepciones posibles de la democracia, la mala y la buena. La mala es la que ve en el pueblo la fuente de la soberanía, la legitimidad que da al gobierno la capacidad de intervenir ilimitadamente en los asuntos de la colectividad en función de las mayorías electorales. La buena es la que ve en la democracia una forma para seleccionar a los dirigentes sin violencia y de limitar su poder para garantizar las libertades personales.

3/ Es el gran tema del panfleto de Friedrich Hayek (1944 [2011]), *Camino de servidumbre*, Madrid: Alianza Editorial.

4/ La segunda parte de la gran obra de Friedrich Hayek (2014), *Derecho, legislación y libertad*, Madrid: Unión Editorial, se titula significativamente: “El espejismo de la justicia social”

Esta oposición entre las dos concepciones de democracia es fundamental para comprender la estrategia neoliberal. Hay que recordar que los primeros neoliberales austriacos y alemanes estuvieron muy influidos por Carl Schmitt y su doctrina del *Estado fuerte*, el único capaz, a su juicio, de resistir a todas las reivindicaciones populares en favor de la igualdad social. Por encima de la contienda, el Estado fuerte es lo opuesto al *Estado total* que quiere encargarse de todo. El Estado fuerte, para los neoliberales, es el guardián de un orden de libertad que, como tal, puede utilizar los medios más autoritarios y violentos para defenderlo.

En este sentido, la actitud de los más grandes neoliberales hacia la dictadura de Pinochet, ya sean F. Hayek o Milton Friedman, atestigua suficientemente las consecuencias políticas de su doctrina. F. Hayek tuvo el mérito de la franqueza cuando declaró al periódico chileno *El Mercurio* en abril de 1981: "Mi preferencia personal es por una dictadura liberal y no por un gobierno democrático en el que está ausente todo liberalismo".

Así, el neoliberalismo no es en absoluto una doctrina de la democracia como poder autónomo del pueblo, es una teoría de los *límites institucionales* que hay que poner a la lógica de la soberanía popular, en la medida en que esta lógica, cuando no está controlada, está plagada de peligros totalitarios.

Sin sacar conclusiones directas entre estas primeras tesis neoliberales de los años 1930 y 1940, basadas en el miedo a la democracia, y las formas autoritarias de los gobiernos neoliberales actuales, al mencionarlas se puede entender mejor que, desde el principio, la inspiración neoliberal no es en modo alguno un liberalismo moral y político clásico. Porque para el neoliberalismo la finalidad de un orden social no es la libertad y la dignidad humana, no es la garantía incondicional de los derechos humanos, sino que, de manera más prosaica, reside en la racionalidad capitalista como una lógica normativa general.

Variantes del neoliberalismo

El neoliberalismo no se ha desarrollado nunca como la aplicación de un plan de conjunto cuya aplicación estuviera perfectamente regulada por un centro de mando único. Si bien existe un neoliberalismo identificable como estrategia global para la transformación de la sociedad, también existen numerosas y a veces importantes variantes en torno a este eje estratégico. El neoliberalismo ha sabido diversificarse según países, clases, sectores de la población y, por supuesto, momentos históricos. Estos modelos se inventaron mediante el método de prueba y error y se han adaptado a las circunstancias. Precisamente, a escala global, el neoliberalismo ha podido imponerse a través de esta diferenciación y de la saturación del espacio social y político que resulta de estas diferentes configuraciones sociopolíticas. Aunque su formulación es cuestionable, Nancy Fraser tuvo el mérito de subrayar que en Estados Unidos, y hasta cierto punto en Europa, había dos posibles figuras de coalición neoliberal: la que ella llama "neoliberalismo progresista" (alianza de la alta tecnología, la finanza y las minorías culturales y sociales representadas por el centrismo del Partido Demócrata) y el "neoliberalismo reaccionario" (alianza de los sectores capitalistas más tradicionales y las capas sociales más sensibles a los valores religiosos, tradicionalistas y nacionalistas) representadas por el Partido Republicano. Las fuerzas llamadas "progresistas", al igual que las fuerzas llamadas "reaccionarias", pueden, a su vez, impulsar un poco más la racionalidad capitalista en detrimento de la solidaridad social y los derechos de las asalariadas y asalariados **5/**. En cada variante, el objetivo es captar las categorías sociales y culturales que tienen intereses y características propias: jóvenes, mujeres, urbanos, rurales, titulados, no titulados, funcionarios y empleados del sector privado, asalariados y asalariadas de estatuto y asalariados y asalariadas precarios, etc.

Las oligarquías dominantes se dividen y se oponen entre sí, particularmente en materia de valores familiares y religión, sobre el comportamiento educativo y la moral en general, pero a la vez coinciden en la idea común de una sociedad regida por la competencia y la acumulación de ganancias, es decir, coinciden en una sociedad regida por la racionalidad capitalista. Hoy, en muchos países, una fracción de las oligarquías dominantes busca agitar el nacionalismo, la xenofobia y el masculinismo para aprovechar la ira popular contra los efectos más brutales de esta racionalidad capitalista. El ejemplo británico del Brexit en lo que respecta a Europa es bastante típico en este sentido, al igual que el trumpismo en Estados Unidos.

La guerra de valores

¿Cómo socava el neoliberalismo los cimientos de los regímenes políticos liberales actuales? Asistimos a una nueva combinación de neoliberalismo y el populismo nacionalista más autoritario, como si en el ámbito de todas las técnicas para imponer la libertad de los mercados, las fuerzas políticas a la vez neoliberales y nacionalistas hubieran logrado la hazaña de darle la vuelta a la cólera de las masas y utilizarla para promover el neoliberalismo radical.

Esta hibridación cada vez más profunda entre el neoliberalismo y el nacionalismo populista provoca la captación de los afectos mediante la instrumentalización del resentimiento hacia las *élites*, sobre todo de izquierda, que se supone han traicionado al pueblo nacional. Esto sólo es posible desplazando las cuestiones políticas desde el terreno de la injusticia social al terreno de la *identidad nacional*, la religión y las jerarquías tradicionales. Esta *guerra de valores* permite desviar la ira, la frustración y los miedos sociales de la parte de la población más vulnerable hacia chivos expiatorios (inmigrantes, negros, mujeres, homosexuales, sindicalistas, activistas, intelectuales, etc.). Por lo tanto, esta *guerra civil neoliberal* no es sólo la lucha librada por un aparato estatal contra los derechos sociales y las libertades públicas, sino también una guerra cultural intestina que se libra en detrimento de los intereses de la mayoría. Esta guerra de valores sirve para dividir a las personas

5/ Fraser, Nancy (2017) "Néolibéralisme progressiste contre populisme réactionnaire: un choix qui n'en est pas un" en (Colectivo), *L'Âge de la Régression Pourquoi nous vivons un tournant historique,* Paris: Premier parallèle.

y enfrentarlas entre ellas activando líneas de división moral, racial, cultural e ideológica, que a veces son muy antiguas. Es esta división la que asegura hoy la perpetuación de una situación tan desigual y regresiva a nivel democrático. Las fuerzas nacionalistas y reaccionarias no cuestionan en absoluto ni el neoliberalismo como modo de poder ni el capitalismo como sistema productivo. Por el contrario, cuando llegan al poder, reducen los impuestos a los más ricos, reducen las ayudas sociales, aceleran la desregulación, en particular en materia financiera o ecológica, y atacan a los sindicatos y a las organizaciones sociales. Trump fue un modelo de este tipo, Milei en Argentina es hoy su discípulo aún más radical.

Esta plasticidad del neoliberalismo no es nueva. A menudo nos acordamos de la forma en que las políticas neoliberales se profundizaron después de la crisis financiera global de 2008. Algunos creían entonces en el *final del neoliberalismo,* según el famoso título de un artículo de Joseph Stiglitz. En realidad, el neoliberalismo sobrevive y se fortalece; no a pesar de las crisis que provoca, sino, por el contrario, apoyándose en ellas, explotando en su beneficio las consecuencias más negativas o desastrosas de sus propias políticas, de modo que se refuerza *por* las crisis que engendra.

Esta radicalización del neoliberalismo se debe en gran medida a una lógica de *auto-alimentación* y de *auto-agravación* de las crisis, ya que las oligarquías dominantes atribuyen estas últimas a *la muy limitada libertad económica.* Es este proceso infernal el que actualmente acelera la crisis de las democracias liberales, hasta el punto de que las poblaciones, prisioneras de estos bucles de auto-alimentación y auto-agravación, buscan una salida en un Estado autoritario que finalmente pondrá orden en sociedad y las protegerá de la *inseguridad.* Para decirlo de manera más simple, el rostro autoritario y violento que adopta el neoliberalismo se debe a la explotación política e ideológica de los efectos de la *libertad económica* y la desestabilización social que genera. Toda la paradoja de la situación está ahí: la guerra cultural y la propaganda nacionalista se basan en las reacciones de desesperación de sectores de la población particularmente afectados por las políticas neoliberales.

La Europa neoliberal y el ascenso de la extrema derecha

Las próximas elecciones al Parlamento Europeo, según los sondeos y a la vista del aumento electoral de la extrema derecha en Europa, deberían reforzar el peso de los grupos nacionalistas. En todas partes, las fuerzas de derecha o de centro están, poco o mucho, contaminadas por la xenofobia y el culto al Estado fuerte. El modelo neoliberal europeo está teniendo las mismas consecuencias ideológicas y políticas que en todas partes. La construcción del gran mercado que estableció desde los años 1980 la libre circulación de bienes, servicios y capitales, el establecimiento de la moneda única y luego el Tratado Constitucional de 2005 constituyeron otras tantas etapas hacia la Unión Europea que conocemos.

Esta construcción, combinada con la globalización económica que ha reforzado el *dumping* social, fiscal y medioambiental a una escala aún mayor, ha logrado una *constitucionalización de la competencia libre y no distorsionada* que los gobiernos de derecha e izquierda han promovido unánimemente. Este viejo sueño ordoliberal está pagando hoy un precio político que pocos de los responsables de este logro habían previsto y que ninguno está asumiendo hoy **6/**. La *armonización social y fiscal a la baja*, junto a la libertad de flujos de capital, han acentuado los desequilibrios sociales y regionales internos, mientras que las políticas de austeridad han favorecido una caída de los salarios en la distribución del valor producido. La concentración de los ingresos y las fortunas, la inseguridad económica, la desindustrialización violenta y la desarticulación de las sociedades entre los centros metropolitanos y las periferias suburbanas o rurales, han conducido a esta profunda y duradera crisis de las formas democráticas liberales en Europa.

La contradicción entre la encantadora retórica sobre la *apertura al mundo* y la realidad social vivida por las poblaciones conduce a una desconfianza masiva hacia los *representantes* del pueblo y, más profundamente, contra las *democracias representativas*, en pleno corazón de Europa, en los antiguos países fundadores del *mercado común*. Se ha extendido el sentimiento de que *no nos representan* porque no nos protegen.

La tragedia de nuestro tiempo es que la reacción de la sociedad ante las agresiones del capitalismo ha adoptado una forma reaccionaria. El fenómeno no es absolutamente nuevo. En las décadas de 1920 y 1930, al menos si nos atenemos a los análisis de Karl Polanyi, experimentaron un *contramovimiento* que, como reacción al liberalismo económico del siglo XIX, pretendía reinsertar la economía en formas sociales tolerables. En muchos países, fue el Estado, con rasgos totalitarios, el que asumió el liderazgo de este *contramovimiento*.

La transnacionalización de las luchas ecologistas, feministas y campesinas, por muy embrionaria que sea, indica una posible dirección

Por lo tanto, la cuestión es cómo evitar que las defensas reactivas de la sociedad vuelvan a adoptar formas políticamente reaccionarias. Defender el Estado de derecho contra las medidas vergonzosas contra las y los inmigrantes y contra todos los dispositivos de un Estado patriarcal y securitario que violan las libertades fundamentales, los derechos sociales y las conquistas feministas es ciertamente necesario, pero no suficiente. El objetivo de romper con el orden existente es indispensable. Pero el peor error sería adherirse a la lógica de repliegue nacionalista y estatista, como proponen muchos en la izquierda. No se gana nada abrazando la retórica nacionalista, como hoy hacen *La France Insoumise* o el Partido Comunista Francés. La transnacionalización de las

6/ Sobre las ilusiones cultivadas por los altos funcionarios europeos, y especialmente los franceses, que han participado en esta constitucionalización, véase Abdelal, Rawi (2007) *Capital Rules. The Construction of Global Finance*, Londres: Harvard University Press.

luchas ecologistas, feministas y campesinas, por muy embrionaria que sea, indica una posible dirección completamente diferente. La circulación global de las formas de lucha (ocupación de las plazas, asambleísmo, democracia directa) y de los experimentos de autogobierno (desarrollo de los comunes, comunalismo, etc.) sugiere el nacimiento de una cosmopolítica radical capaz de tomar el relevo del altermundialismo.

Otra cuestión decisiva que el *populismo de izquierda* no ha resuelto es la de la *convergencia de las luchas*. La lógica nacionalista y estatista, hoy dominante, apuesta por la concentración sintética de las cóleras y de los intereses en torno a las grandes entidades trascendentes de la Nación y el Estado. Por su parte, el radicalismo de izquierda no puede contentarse con la multiplicidad de causas sin una visión unificada de la sociedad deseable. La dispersión de las luchas y de las protestas que favorece las vallas identitarias plantea un problema estratégico que sólo una transversalización muy profunda de las prácticas y de las causas podría resolver. Desafortunadamente, estamos sólo en el comienzo de esta toma de conciencia.

Christian Laval es profesor emérito de sociología
en la Universidad París-Nanterre

Este año saldrá traducido al español: *La opción por la guerra civil. Otra historia del neoliberalismo* de las Editoriales Traficantes de Sueños, Lomy y Tinta limón, donde Laval junto a otros autores amplía muchos de los temas apuntados en este artículo.

Traducción: ***viento* sur**

LA ESTIGMATIZACIÓN DE LOS POBRES

EUGENISMO Y DARWINISMO SOCIAL

MICHEL HUSSON

Sylone
viento sur

La continuidad del colonialismo de asentamiento sionista

Jamal Nabulsi

■ El régimen israelí está cometiendo un genocidio contra el pueblo palestino de Gaza; no sólo bombardea indiscriminadamente a los y las palestinas, sino que ataca infraestructuras civiles esenciales como hospitales, escuelas, universidades, campos de refugiados y edificios residenciales. Quienes sobreviven a los bombardeos tampoco están a salvo habida cuenta del muy limitado acceso al agua potable, a los alimentos, a la electricidad y a los suministros médicos básicos **1/**.

Además de matar por hambre y masacrar a los y las palestinas, el régimen israelí opera para expulsarlos de sus tierras. Lo han dejado claro funcionarios y políticos israelíes en múltiples declaraciones, así como en documentos filtrados que demuestran el propósito de *transferir* –un eufemismo para la limpieza étnica– a la población palestina de Gaza a Egipto u otros lugares; casi tres cuartas partes es ya población refugiada como consecuencia de guerras anteriores que Israel libró contra el pueblo palestino. Esta operación forma parte del sostenido castigo colectivo de Israel a un pueblo que se atreve a resistir a la colonización y a expresar la soberanía indígena sobre su territorio.

Este artículo sostiene que el genocidio y la limpieza étnica de la población palestina en Gaza por parte del régimen israelí es la continuación del proyecto de colonización de asentamiento sionista. Insiste particularmente en que, aunque la matanza y la expulsión de palestinos y palestinas que está llevando a cabo actualmente el régimen israelí es una aberración, no es anómala en el contexto de más de 75 años de colonización sionista. Señala tres características fundamentales del colonialismo de asentamiento sionista:

- su naturaleza como *estructura* permanente;
- su objetivo de *eliminar* al pueblo palestino;
- su uso de la *fragmentación* –del territorio y del pueblo– como estrategia fundamental a través de la cual asegurar esa eliminación.

Es a través de estas tácticas, según sostiene este análisis, como el proyecto sionista pretende extinguir la soberanía indígena palestina en última instancia.

Colonialismo de asentamiento sionista

El sionismo siempre ha sido una ideología colonial de asentamiento, algo declarado explícitamente por los arquitectos del sionismo. Por ejemplo, el dirigente sionista ruso Ze'ev (entonces Vladimir) Jabotinsky, que jugó un papel determinante en la colonización de Palestina, escribió en 1923:

1/ Este artículo tiene versión en francés. Al Shabaka agradece el esfuerzo de traducción de sus artículos, pero no se hace responsable de ningún cambio de contenido.

"Todos los pueblos indígenas opondrán resistencia a los colonos foráneos si perciben alguna esperanza de librarse del peligro del asentamiento extranjero. Eso es lo que está haciendo la población árabe de Palestina, y lo que seguirán haciendo mientras mantengan una mínima chispa de esperanza en que podrán impedir la transformación de *Palestina* en la *Tierra de Israel* (...). La colonización sionista, incluso la más restringida, debe terminar o llevarse a cabo sin considerar la voluntad de la población nativa".

El sionismo siempre ha sido una ideología colonial de asentamiento, algo declarado explícitamente por los arquitectos del sionismo

La ideología del colonialismo de asentamiento sionista está impregnada de racismo europeo y guarda muchas similitudes con el espejismo de los colonos blancos del *destino manifiesto*. Cuando se debatía si el lugar para la colonización sionista debía ser Argentina o Palestina, el fundador de la Organización Sionista, Theodor Herzl, afirmó **2/** que el Estado judío en Palestina sería "una parte del muro de Europa contra Asia, un puesto avanzado de la civilización en oposición a la barbarie". Ese discurso supremacista blanco se desarrolla para justificar la colonización de tierras palestinas y la violencia inconmensurable que conlleva.

El pueblo palestino comprendió hace mucho tiempo la naturaleza colonial del sionismo. En su libro de 1965, *Zionist Colonialism in Palestine* (Colonialismo sionista en Palestina), Fayez Sayegh disecciona **3/** con maestría el colonialismo sionista en tanto que ideología y proyecto político. Posteriormente, en 1976, Yamil Hilal articuló sucintamente la lógica del colonialismo de asentamiento **4/** diferenciándolo del colonialismo extractivo: "Los sionistas se afanaron no en *explotar* a la población palestina indígena, sino en desplazarla". Partiendo de esta propuesta teórica palestina, el colonialismo de asentamiento sionista debe entenderse como una estructura permanente que apunta a eliminar a los y las palestinas fragmentando el pueblo y la tierra, como señalan tres facetas centrales:

Primera: el colonialismo de asentamiento sionista, como todos los demás proyectos de asentamiento colonial, debe entenderse como una estructura permanente más que como un episodio puntual. En otras palabras, el objetivo fundamental del colonialismo de asentamiento es atrincherar a la comunidad colona en la tierra colonizada de manera permanente. Si

2/ https://www.routledge.com/The-Persistence-of-the-Palestinian-Question-Essays-on-Zionism-and-the-Palestinians/Massad/p/book/9780415770101

3/ https://doi.org/10.1080/2201473X.2012.10648833

4/ https://journals.udsm.ac.tz/index.php/uj/article/view/1197/10903

bien esta idea se ha desarrollado con cierto detalle **5/** en la disciplina académica que aborda los estudios de colonización por asentamiento, el sentimiento se ha comprendido durante mucho tiempo a través de la noción palestina cotidiana de la Nakba como algo permanente. Por un lado, esta teorización cotidiana destaca que los efectos de la Nakba de 1948, por la que más de 780 000 palestinos y palestinas fueron limpiadas étnicamente **6/** de sus tierras, siguen sintiéndose hoy. En un nivel elemental, a todas las personas palestinas expulsadas por la fuerza por las milicias sionistas durante la Nakba de 1948 se les sigue negando el derecho al retorno a sus hogares en Palestina. Por otro lado, y de forma interrelacionada, la noción de la Nakba permanente advierte de que el proyecto sionista de limpieza étnica del pueblo palestino de Palestina es un proceso que continúa hoy: desde 1948, unos dos tercios (9,17 millones) de los catorce millones de palestinos y palestinas que hay en todo el mundo son, en la actualidad, personas desplazadas por la fuerza **7/** y a todas se les niega el derecho a retornar a sus casas.

Segunda: el objetivo central del colonialismo de asentamiento sionista es eliminar al pueblo palestino de la tierra de Palestina. Esta eliminación adopta múltiples formas que, entre otras, incluyen el genocidio y la limpieza étnica. Quizá lo más atroz es que la mayoría de las veces la eliminación que practica el colonialismo de asentamiento sionista adopta la forma de aniquilación física de los y las palestinas. Así fue, por ejemplo, en las masacres de población palestina perpetradas por las milicias sionistas durante la Nakba de 1948, en la masacre de Sabra y Chatila de 1982, en los intensos ataques israelíes actuales contra Gaza y en los cuatro previos más destacados contra la Franja, así como en las habituales ejecuciones que llevan a cabo los soldados israelíes y la policía paramilitar, más comunes en Cisjordania, incluida Jerusalén Oriental. La eliminación que practica el colonialismo de asentamiento sionista adopta otras innumerables formas más insidiosas. Como ejemplo, el régimen israelí ha intentado borrar la identidad misma **8/** de las y los palestinos de los territorios de 1948 que viven como ciudadanos de tercera clase en Israel sobre el territorio palestino ocupado en aquel año. Israel pretende despalestinizar a esta comunidad mediante una variedad de políticas que incluyen criminalizar las expresiones de identidad palestina, léase exhibir la bandera palestina o conmemorar la Nakba. Estas políticas llevan décadas aplicándose, al igual que el adoctrinamiento sionista a través de los planes de estudios escolares y universitarios y otros innumerables procedimientos para empañar y reescribir la historia de Palestina. Son políticas comparables a las de otras colonias de asentamiento, como los

5/ https://www.tandfonline.com/doi/full/10.1080/14623520601056240

6/ https://cup.columbia.edu/book/nakba/9780231135795

7/ https://www.badil.org/cached_uploads/view/2022/10/31/survey2021-eng-1667209836.pdf

8/ https://muse.jhu.edu/article/576906

sistemas de escuelas residenciales en los ahora denominados Canadá y EEUU, así como las Generaciones Robadas **9/** en la colonia de Australia.

Tercera: una estrategia clave mediante la cual Israel aplica la eliminación es la de fragmentar Palestina y a los y las palestinas. Fragmentación que, en última instancia, conduce a la eliminación: opera para fragmentar el pueblo palestino y arrancarlo después de su tierra. Al igual que la eliminación, la fragmentación adopta multitud de formas diferentes. Funciona, por ejemplo, para dividir la tierra palestina, fracturar cuerpos, destruir familias, desmantelar instituciones, romper el espacio, el tiempo y la memoria palestinas, agotar y quebrar la voluntad de resistir. No es que sean formas distintas de fragmentación, sino que todas están íntimamente conectadas, con grietas y desgarros que se extienden a través de las vidas palestinas.

La Nakba de 1948 fue un momento fundacional en la fragmentación de Palestina. La colonización por parte de Israel del 78% de la tierra palestina sirvió para dividir ese territorio del resto de Palestina, Cisjordania y Gaza, quedando geográficamente aisladas una de otra. Durante la Naksa **10/**, literalmente, el Revés, [por el desastre de la guerra de 1967), Israel ocupó militarmente Cisjordania y Gaza (además de territorios de Siria y Egipto), ocupaciones coloniales mantenidas hasta hoy. A su vez, el pueblo palestino quedó dividido en esos tres territorios diferenciados y en el exilio, y cada porción ha vivido realidades muy diferentes y ha hecho frente a diversas formas de la violencia colonial israelí.

La indigeneidad no es un conjunto de requisitos a cumplir, sino una relación política con la estructura del colonialismo de asentamiento

Al combinar estas tres características fundamentales a través de la eliminación y la fragmentación permanentes, el proyecto colonial de asentamiento sionista persigue, en última instancia, extinguir la soberanía autóctona palestina. Esta soberanía encarna la reclamación de una tierra que nunca fue cedida y se fundamenta en la permanente presencia palestina autóctona que precede y perdura en el Estado colonial israelí. La soberanía indígena adopta inevitablemente formas distintas según los diferentes pueblos indígenas, pero lo que comparten esas formas es que todas registran una reclamación indígena imperecedera sobre la tierra y el rechazo a la soberanía estatal de la colonia de asentamiento **11/**.

9/ https://aiatsis.gov.au/explore/stolen-generations

10/ https://www.aljazeera.com/features/2018/6/4/the-naksa-how-israel-occupied-the-whole-of-palestine-in-1967

11/ Mi comprensión de la soberanía indígena se debe principalmente a la dirección intelectual de la profesora Chelsea Watego, munanjahli e isleña de los Mares del Sur, así como a sus escritos publicados. También me he basado para este artículo en el trabajo de la profesora de Goenpul Aileen Moreton-Robinson.

Por otra parte, la indigeneidad palestina no se basa en *demostrar* el mantenimiento de prácticas culturales particulares o cierta medida de *sangre indígena*. Contrariamente a la forma en que se define en el derecho internacional, la indigeneidad no es un conjunto de requisitos a cumplir, sino más bien una relación política con la estructura del colonialismo de asentamiento. En la medida en que el Estado colonial de Israel pretende eliminarlos de su tierra, los y las palestinas son un pueblo indígena que se resiste a la eliminación.

La actualidad de la colonización de asentamiento

El eco del discurso racista de los primeros sionistas se escucha en el lenguaje genocida de los actuales dirigentes israelíes. Cuando el régimen israelí comenzó su actual genocidio en Gaza, Benjamín Netanyahu publicó **12/** desde la cuenta oficial del primer ministro de Israel en X (luego eliminó la publicación): "Esta es una lucha entre los hijos de la luz y los hijos de la oscuridad, entre la humanidad y la ley de la jungla". El presidente israelí, Issac Herzog, advirtió igualmente **13/** de que la guerra contra Gaza tenía "la intención de salvar la civilización occidental" y que, si no fuera por Israel, "Europa sería la siguiente". Semejante retórica regurgita la ideología colonial que pretende justificar el genocidio como una batalla del "Bien contra el Mal". Al anunciar el plan de Israel para castigar colectivamente a los palestinos y palestinas en Gaza cortando por completo todos los recursos necesarios para la vida, el ministro de Defensa israelí, Yoav Gallant, declaró **14/**: "No habrá electricidad, ni alimentos, ni agua, ni combustible. Todo está cerrado. Estamos luchando contra animales humanos y actuamos en consecuencia". Ese lenguaje racista y deshumanizador allana el camino a Israel para el genocidio y la limpieza étnica de los palestinos y las palestinas.

La realidad de la Nakba como proceso permanente nunca ha sido más evidente que ahora. Desde que el ejército israelí comenzó su actual ataque contra Gaza, ha matado a más de 26 000 palestinos [28 473 a fecha de 13 de febrero] y expulsado de sus hogares a 1,9 millones de personas (más del 80% de la población gazatí). Las imágenes que salen de la Franja son estremecedoras: un padre abrazando a su hijo quemado vivo con fósforo blanco, una niña excavando entre los escombros de su casa con la esperanza de encontrar un solo pariente sobreviviente. El impacto humano del genocidio es insondable. Las imágenes de multitud de familias palestinas huyendo de sus hogares bajo el fuego israelí evocan imágenes de la Nakba de 1948 y de otras grandes expulsiones. Muchas de las personas que actualmente huyen de la violencia sionista son descendientes de aquellas que fueron limpiadas étnicamente de su tierra en 1948.

Esa es la eliminación que practica el colonialismo de asentamiento sionista en su forma más brutal. Del mismo modo en que las masacres israelíes de

12/ https://www.newarab.com/news/netanyahu-deletes-palestinian-children-darkness-tweet

13/ https://www.middleeastmonitor.com/20231206-israeli-president-herzog-says-the-war-on-gaza-is-not-only-between-israel-and-hamas-but-it-is-a-war-intended-to-save-western-civilisation/

14/ https://www.aljazeera.com/program/newsfeed/2023/10/9/israeli-defence-minister-orders-complete-siege-on-gaza

1948 contra el pueblo palestino se combinaron con la limpieza étnica, hoy el genocidio y la limpieza étnica de Israel son estrategias combinadas del proyecto sionista para la eliminación de pueblo palestino. Tras haber expulsado a la mayoría de los y las palestinas de sus hogares dentro de Gaza, lo que Israel está determinado a hacer es limpiar étnicamente Gaza por completo. En un documento filtrado el 28 de octubre **15/**, el Ministerio de Inteligencia israelí recomendaba limpiar étnicamente de sus hogares a los 2,3 millones de gazatíes y expulsarlos permanentemente a la península egipcia del Sinaí. A pesar del rechazo reiterado del gobierno egipcio a aceptar ese plan, las operaciones llevadas a cabo por las Fuerzas de Ocupación Israelíes (FOI) en Gaza hasta la fecha reflejan las fases estipuladas en el documento. Las FOI han expulsado a la población del norte de Gaza hacia el sur; sus bombardeos y disparos contra la población a lo largo de ese camino demuestran que su afirmación de que están evacuando a la población civil con fines humanitarios es una falacia. Ahora han comenzado a expulsar a las y los palestinos del sur de Gaza provocando un profundo y muy creíble temor de que se les va a obligar a hacinarse en la frontera de Rafah y a presionar aún más a Egipto. Esta limpieza étnica no solo la propugnan todos los ministerios gubernamentales, sino también destacados políticos, académicos y ciudadanos israelíes comunes y corrientes. Después de todo, ése es el objetivo fundamental del sionismo y del Estado israelí: expulsar al pueblo palestino y apoderarse de su tierra.

Es importante destacar que en estos momentos Israel también está intensificando la limpieza étnica del pueblo palestino, que lleva a cabo desde hace décadas, en Cisjordania. Envalentonados por el ataque genocida de Israel contra Gaza y por la impunidad internacional por los crímenes de guerra israelíes durante este asalto, estamos asistiendo a un fuerte incremento de la violencia de la población colona israelí en Cisjordania, que actúa con el pleno respaldo del ejército israelí para aterrorizar a las y los palestinos y expulsarlos de sus hogares. Una de las principales formas en que Israel ejecuta esta limpieza étnica en Cisjordania es mediante la estrategia colonial de fragmentación antes mencionada: Israel ha dividido Cisjordania en 227 enclaves separados, aislando por completo Jerusalén Oriental del resto de Cisjordania. Lo ha hecho mediante [la implantación de] el Muro del *apartheid*, de 730 km de longitud, que serpentea Cisjordania mucho más allá de la Línea Verde de 1967, partiendo en dos ciudades y pueblos palestinos, separando a las y los agricultores de sus tierras y a las comunidades palestinas entre sí. Estos instrumentos coloniales, que funcionan junto con otras innumerables tecnologías israelíes de fragmentación, tienen como objetivo último hacer que la vida de los y las palestinas de Cisjordania sea inhabitable, expulsarlos de sus casas para que las y los colonos israelíes puedan apropiarse de ellas.

En Gaza asistimos a una forma todavía más extrema de fragmentación colonial de asentamiento por medio de la cual Israel se ha empleado en aislar sistemáticamente a los y las palestinas del resto de Palestina. El aislamiento geográfico, social y político se intensificó con el bloqueo israelí impuesto

15/ https://thecradle.co/articles-id/11290

a Gaza tras la victoria electoral de Hamás en 2006. Además de provocar una lluvia de muerte sobre la población gazatí con intermitentes campañas de bombardeos y drásticas restricciones del movimiento de personas dentro y fuera de la Franja, este bloqueo implicó restringir rigurosamente innumerables artículos cotidianos que necesita la población: desde toallitas húmedas para bebés hasta semillas de plantas. Tras la operación de Hamás del 7 de octubre y los bombardeos sobre Gaza que le siguieron, el régimen israelí cortó el agua, los alimentos, la electricidad, el combustible y otros artículos de primera necesidad para la vida en Gaza, algo descrito por los expertos como un acto genocida. En resumen, Israel allanó el terreno para el actual genocidio en Gaza con 17 años de brutal bloqueo y 56 de ocupación militar que, en conjunto, han servido para aislar radicalmente a Gaza del resto de Palestina.

Al aislar política, social y geográficamente a Gaza del resto de Palestina, Israel persigue hacerse con más tierras palestinas que pueda limpiar étnicamente y apropiárselas para el Estado colonial de asentamiento. No es una estrategia nueva, sino absolutamente coherente con el proyecto sionista y con los proyectos de asentamiento colonial en general, que operan para dividir y conquistar a los pueblos indígenas, apoderarse de su tierra y eliminar a la comunidad nativa.

Conclusión

Para que las y los palestinos vivan en libertad y dignidad debemos entender el actual ataque de Israel contra Gaza como una continuación del proyecto colonial sionista. Ello significa que hay que rechazar el marco todavía dominante que describe un *conflicto* que involucra a *dos bandos*. Este marco, propagado a través del llamado proceso de *paz* y sus diversas derivadas, no sólo oculta, sino que defiende activamente las relaciones de poder colonial entre el Estado de Israel y el pueblo palestino. Lo más evidente es, quizá, que Israel ha utilizado de manera sistemática las negociaciones de paz como una cortina detrás de la cual ha podido intensificar el robo de la tierra palestina. Por ejemplo, entre 1993 y 2000 –en pleno auge del proceso de *paz*– Israel duplicó la población colona israelí en el mismo territorio que supuestamente debía convertirse en un Estado palestino. La esencia del proyecto sionista es expansionista, e Israel ni siquiera disimula para ocultarlo.

Hay que rechazar el marco todavía dominante que describe un *conflicto* que involucra a *dos bandos*

Desde el inicio del actual ataque genocida de Israel contra Gaza, el movimiento internacional de solidaridad con Palestina ha crecido exponencialmente batiendo el récord de personas que han salido a protestar por Palestina en ciudades de todo el mundo. Si bien es inspirador ver a personas de todo el mundo reaccionando ante la brutal realidad a la que hace frente el pueblo palestino, los organizadores de la solidaridad reproducen muchas veces el controvertido marco descrito anteriormente, lo que, en última instancia, acaba sirviendo para sostener la colonización de Israel. Concretamente, una defensa de Palestina que se limita a reclamar el fin de la ocupación israelí y/o del *apartheid* falla en no reconocer la causa fundamental de la violencia: el colonialismo de asentamiento sionista. En las colonias de asentamiento como EEUU, Canadá y Australia, así como en metrópolis coloniales como las de Reino Unido, la falta de reconocimiento de este hecho probablemente se debe a la propia complicidad del activismo en formas relacionadas de colonización. Para lograr justicia y liberación para los y las palestinas es imperativo desmantelar el proyecto colonial sionista que, como se ha demostrado, tiene como objetivo fundamental eliminar al pueblo palestino y extinguir su soberanía indígena sobre la tierra de Palestina.

Frente a esta colonización devastadora, podemos inspirarnos en quienes demuestran eficazmente lo que significa ser solidario. Sudáfrica ha llevado a Israel ante la Corte Internacional de Justicia, acusándolo de crimen de genocidio. Los hutíes de Yemen se han apoderado de barcos vinculados a Israel en el Mar Rojo, negándose a dar marcha atrás ante la agresión encabezada por EEUU contra ellos. Activistas en solidaridad con Palestina han bloqueado la entrada de barcos israelíes a puertos de todo el mundo, desde San Francisco hasta Sídney. La Campaña de Boicot, Desinversión y Sanciones (BDS), liderada por los propios palestinos y palestinas es más fuerte que nunca. Estos son sólo algunos de los ejemplos que podemos aprovechar que abogan por la liberación palestina y reconocen la causa fundamental que la impide: el colonialismo de asentamiento sionista. Debemos seguir mostrando esa solidaridad hasta que palestinos y palestinas sean, junto con todos los pueblos colonizados e indígenas, verdaderamente libres.

Jamal Nabulsi, palestino en la diáspora, es escritor e investigador. Es académico de la Escuela de Ciencias Políticas y Estudios Internacionales de la Universidad de Queensland y miembro del Centro de Investigación Palestino Americano. Su tesis doctoral, “Resistencia afectiva: Sentir a través de la lucha palestina cotidiana”, recibió el premio de la Asociación Británica de Estudios Internacionales a la mejor tesis doctoral sobre las emociones en la política y en las relaciones internacionales.

https://al-shabaka.org/commentaries/the-continuation-of-zionist-settler-colonialism/

Traducción para **viento sur** de Loles Oliván Hijós

Guerra contra Gaza: los campos de refugiados y la psique palestina

Samar Maqusi

■ Para la población palestina, las casas en los campos son más que estructuras físicas. Representan resistencia, aguante y esperanza de retorno. Por eso siempre son un objetivo.

¿Qué es una casa en Gaza?

"Por ejemplo, cuando digo que Israel atacó una casa, ¿qué es una casa? ¿Una casa en Estados Unidos, en el Reino Unido; dos personas, una pareja, un niño, un perro? En Gaza, una casa es un edificio generacional". - Refaat Alareer, 13 de octubre de 2023.

Refaat, como tantos otros espíritus brillantes y únicos, nos dejó sin tener la oportunidad de despedirse; la guerra genocida israelí en Gaza no permite que sus seres queridos se den un último abrazo.

Sin embargo, hubo una despedida, aunque forzada, que más del 80% de los habitantes de Gaza pudieron hacer, y fue la despedida de sus hogares.

Esta no ha sido la primera vez que los palestinos y palestinas tuvieron que despedirse de sus hogares y no será la última mientras persista la ocupación israelí y a los refugiados y refugiadas palestinas se les niegue su autodeterminación y su derecho a regresar.

Pero, ¿qué es exactamente ese *hogar* palestino del que hablaba Refaat?

A lo que se refería Refaat era a una habitación de 12 metros cuadrados hecha de material prefabricado, con techo de zinc, entregada a las refugiadas y refugiados después de haber soportado tiendas de campaña cuando fueron desplazados por la fuerza de su tierra natal en 1948 y 1967 respectivamente.

Esta habitación se proporcionaba a cada familia de refugiados en una parcela de 100 metros cuadrados en todos los campos de refugiados palestinos de Oriente Próximo, y se dejaba que los campos crecieran de forma independiente, ya que el espacio y las personas dentro de una parcela delimitada se consideraban políticamente temporales. Más concretamente, a lo que Refaat se refería era al refugio palestino en el campo de refugiados de Palestina.

Abandonado políticamente

Hoy en día, más de 1,5 millones de personas viven en 58 campamentos palestinos reconocidos en Gaza, Cisjordania, Jordania, Siria y el Líbano.

Sólo en Gaza, el 80% de sus 2,1 millones de habitantes son refugiados y refugiadas, la mitad de las cuales todavía habitan en campos de refugiados. En 1949 se creó una agencia específica de las Naciones Unidas, la Agencia de Obras Públicas y Socorro de las Naciones Unidas para los Refugiados Palestinos (UNRWA), para prestar servicios a los campos y a la población refugiada palestina, manteniendo al mismo tiempo un estatus temporal, independientemente de cuánto tiempo tendrían que habitar en esos campos.

Además, a diferencia de su agencia hermana, el Alto Comisionado de las Naciones Unidas para los Refugiados, que atiende al resto de la población refugiada del mundo, a la UNRWA se le niega el mandato político para desempeñar un papel activo en la repatriación de la y los refugiados palestinos a su patria.

Esta parálisis política se vio reforzada al reducir la urgencia política del *derecho al retorno* adoptado por la Asamblea General de la ONU, como se ejemplifica en las resoluciones anteriores.

El texto original del artículo 11 de la resolución 194 (III) adoptada en diciembre de 1948 sostenía que la Asamblea General: "Resuelve que a los refugiados que deseen regresar a sus hogares y vivir en paz con sus vecinos se les debe permitir hacerlo lo antes posible", fecha practicable, y que "se debe pagar compensación por los bienes de quienes decidan no regresar y por la pérdida o daño de bienes que, según los principios del derecho internacional o en equidad, deben ser reparados por los gobiernos o autoridades responsables."

Aparte de la redacción problemática y contradictoria del artículo 11 -por el cual se presenta a las refugiadas y refugiados palestinos como quienes interrumpen la coexistencia pacífica y al mismo tiempo reconocen la "pérdida" y el "daño" de la propiedad palestina- la redacción legal operativa del artículo cambia dramáticamente.

Los párrafos operativos dentro de las resoluciones de la ONU comienzan con un verbo de acción que expresa la acción que los Estados miembros de la ONU acuerdan tomar. El verbo de acción original adoptado para el "derecho de devolución" fue "Resuelve". " Resuelve" pasó a ser "Reconoce", luego "Considera" y luego "Apoya", reduciendo, de hecho, la responsabilidad de la comunidad internacional hacia el desplazamiento palestino y su resolución.

Esto significó que las refugiadas y refugiados palestinos fueran abandonados políticamente y abandonados a *cavar en las rocas* -para usar el proverbio árabe que significa tratar de hacer lo imposible- dentro de sus campos, como me dijo un líder de un campo en 2014. De hecho, las y los refugiados palestinos recurrieron a *tallar en la roca,* aunque fue cemento lo que tallaron en lugar de roca.

Trato de Seguridad

Históricamente, los campos de refugiadas y refugiados están diseñados con un propósito. Ese propósito podría ser cortar la solidaridad en toda una sociedad mediante la creación de un confinamiento encarnado en la frontera de un campo; desarrollar y enriquecer zonas rurales empobrecidas; concentrar y exterminar; o sofocar la crisis actual mediante el reasentamiento y la integración económica.

Sin embargo, en todos estos ejemplos mencionados, las personas enviadas a campos crean su propia agencia y se resisten a los crueles objetivos del soberano utilizando cualquier medio que les proporcionen sus campos. En el caso palestino, fue el espacio y la creación de espacio. Muy pronto, la población refugiada palestina se dio cuenta de su inevitable prolongación y de que su destino estaba estrechamente ligado al campo como espacio de refugio y de lucha armada para lograr la autodeterminación.

A la luz del abandono internacional de la ambición palestina de retorno y autodeterminación, las refugiadas y refugiados palestinos recurrieron a sus campamentos y refugios para compensar lo primero. Trabajaron duro para ganarse los medios que les permitieran construir espacio y medios de vida dentro de lo que es un espacio controlado y confinado.

Se pretendía que los campos palestinos se integraran económica y espacialmente en lugar de convertirse en lugares de *palestinidad* y resistencia. En consecuencia, el campo se convirtió en una *amenaza para la seguridad* de los gobiernos que los acogían. Para los gobiernos anfitriones y la comunidad internacional, estos campamentos fueron planteados con un diseño espacial para permitir un crecimiento controlado y, al mismo tiempo, utilizar medios espaciales para reducir la crisis política.

El diseño del campamento cumpliría con las reglas y estándares acordados por la ONU y los gobiernos anfitriones que garantizan que los campamentos se conviertan en espacios cuadriculados de medios de vida controlados, lo que permitiría al gobierno anfitrión vigilar fácilmente el espacio y asaltarlo rápidamente para sofocar cualquier actividad política, como las simples manifestaciones de solidaridad.

Como proclamó Michel Foucault: "Un territorio que está bien vigilado en términos de obediencia al soberano es un territorio que tiene una buena distribución espacial".

La guerra genocida en Gaza es en gran medida una guerra contra los campos de refugiados de Gaza

La guerra genocida en Gaza es en gran medida una guerra contra los campos de refugiados de Gaza. Esto se debe en gran parte a que la mitad de los habitantes de Gaza viven en campos y muchos más en extensiones de campos.

Además, históricamente los campos han sido lugares de resistencia activa contra ataques violentos y la negativa de los refugiados a renunciar a su derecho a la autodeterminación. Tras soportar más de 75 años de desplazamiento prolongado dentro de fronteras espaciales confinadas, las y los refugiados palestinos construyeron sus campos en densidades demográficas que superan la de Manhattan.

Esto les permitió convertirlos en sitios de resistencia espacial innovadora, utilizando elementos espaciales (como túneles o pasarelas elevadas) como mecanismos estratégicos de contraofensiva para evitar el movimiento sobre el terreno, que es más vulnerable cuando la batalla se limita al campo.

Como resultado, el ejército de ocupación israelí construiría maquetas de campos y ciudades árabes para entrenar a sus soldados sobre formas de atacar de manera innovadora esa espacialidad y densidad.

Lugar de vida y muerte

Para las refugiadas y refugiados palestinos, sus campos son espacios, lugares y medios para resistir la ocupación y la opresión violenta; resistir su exclusión de la fuerza laboral profesional (como en el Líbano); resistir su marginación social y económica (como en Jordania y Siria); y resistir su movimiento controlado y prohibido (como en los territorios palestinos ocupados).

Mientras los campos palestinos crecían en densidad y agencia, los gobiernos anfitriones adoptaban diversas prácticas espaciales para volver a ejercer el control y el confinamiento. Por ejemplo, Jordania adoptó un modo espacial de reorganizar el campo palestino ampliando las calles del campo que discurren por el medio, para dividirlos.

En el Líbano y los territorios ocupados sería una especie de confinamiento, como en los campos circundantes con paredes de cemento y puertas metálicas para controlar el movimiento. En algunos casos, adoptarían una destrucción completa del campo, como en los campos de Tel Zaatar, Jisr el Basha, Nahr el Bared, Jenin y, ahora mismo, en todos los campos de Gaza.

Por encima de todo, un hogar en un campamento palestino es un lugar en el que permanecer hasta que se logre un retorno justo y legítimo

Entonces, ¿qué es un hogar en un campo palestino? Es un lugar de refugio, un lugar de resistencia, un lugar de sustento, un lugar de felicidad y miseria, un lugar de resiliencia y firmeza, un lugar lleno de recuerdos y aspiraciones, un lugar de momentos y conversaciones, un lugar de lucha y resistencia colectiva, un lugar donde refugiar a tu prójimo cuando no tiene un lugar, un lugar de vida y muerte.

Por encima de todo, un hogar en un campamento palestino es un lugar en el que permanecer hasta que se logre un retorno justo y legítimo.

Como dijo el eminente cirujano y humanista británico-palestino Ghassan Abu Sitta:

"Una de las cosas que creo que realmente me sorprendió de esta guerra es que la humillación de convertirse en refugiado, esa degradación que le sucede al alma de convertirse en refugiado, era una parte tan formativa de la identidad moderna palestina que para las y los palestinos es un destino peor que la muerte. Por eso el campo de Jabalia todavía está lleno de gente".

Samar Maqusi trabajó con UNRWA (Agencia de las Naciones Unidas para los refugiados de Palestina) como arquitecta/planificadora física, centrándose en programas de rehabilitación de refugios y mejora de campamentos.

https://www.middleeasteye.net/opinion/gaza-war-refugee-camps-palestinian-psyche

Traducción: ***viento* sur**

Visualizar el horizonte

Daliri Oropeza

■ Retratar a las comunidades zapatistas parte del compromiso de Daliri Oropeza por narrar fotográficamente a partir de la empatía y el respeto hacia historias de dignidad y esperanza. Documentar luchas colectivas que dibujan nuevos futuros posibles.

El trabajo de Daliri, fotógrafa mexicana que lleva 14 años retratando a las comunidades zapatistas, tiene varios propósitos: contribuir a revertir las impuestas narrativas hegemónicas sobre las comunidades indígenas, tejer redes de solidaridad entre distintas luchas frente al neoliberalismo y retratar la mística zapatista y sus códigos propios.

Su mirada se inspira en las luchas por la tierra ante el extractivismo capitalista; en la experiencia compartida con colegas de profesión; en el legado de fotógrafas como Tina Modotti o Susan Sontag o de la obra de Walter Benjamin, bell hooks o Frantz Fanon, entre otros, y en una decidida defensa del Tiempo. En sus propias palabras: "La fotografía documental requiere de calma e intimidad frente a la inmediatez del fotoperiodismo".

La inquietud de Daliri por la fotografía la ha conducido desde muy pequeña a captar la realidad que la rodeaba. Ya desde la infancia fotografiaba los encuentros familiares y, utilizando una cámara con un límite de fotos, se enfrentaba a decidir qué rumbos tomaría su creatividad y en qué centraría su mirada. Esos rumbos la condujeron hasta Chiapas y el fotoperiodismo, un nuevo camino que se desarrolló al calor del movimiento #YoSoy132 y las desapariciones en Ayotzinapa.

Las fotografías de este número son fruto del trabajo que ha acompañado a la lucha zapatista más allá de los momentos más mediáticos. En la fotografía donde un grupo de mujeres caminan con una pancarta de "Adelante" reciben a Marichuy, vocera del Concejo Indígena de Gobierno, en 2017. Como vemos en la imagen del "Puesto de salud autónomo", la creación de clínicas y la capacitación de zapatistas a través del sistema educativo de promotoras de salud son un pilar fundamental de la soberanía de las comunidades de EZLN. En otra de las fotos, mujeres zapatistas realizan una pirámide circular para expresar que ha llegado el momento en el que una mujer indígena por fin gobierne, no desde arriba, sino desde abajo. También vemos el Escuadrón 421 a punto de zarpar en una travesía por el Atlántico que lo llevaría hasta Europa. Otra de las imágenes refleja el momento en el que milicianas de EZLN realizan una formación para despedir a Marichuy. Estas instantáneas también nos permiten comprender el papel central de las mujeres en las comunidades zapatistas y de la creación artística a través de la música, los murales o los tejidos.

Imágenes de Daliri Oropeza que, en definitiva, nos hablan desde la dignidad y desde el impulso de nuevos horizontes de alegría y esperanza.

Mariña Testas

PUESTO DE SALUD

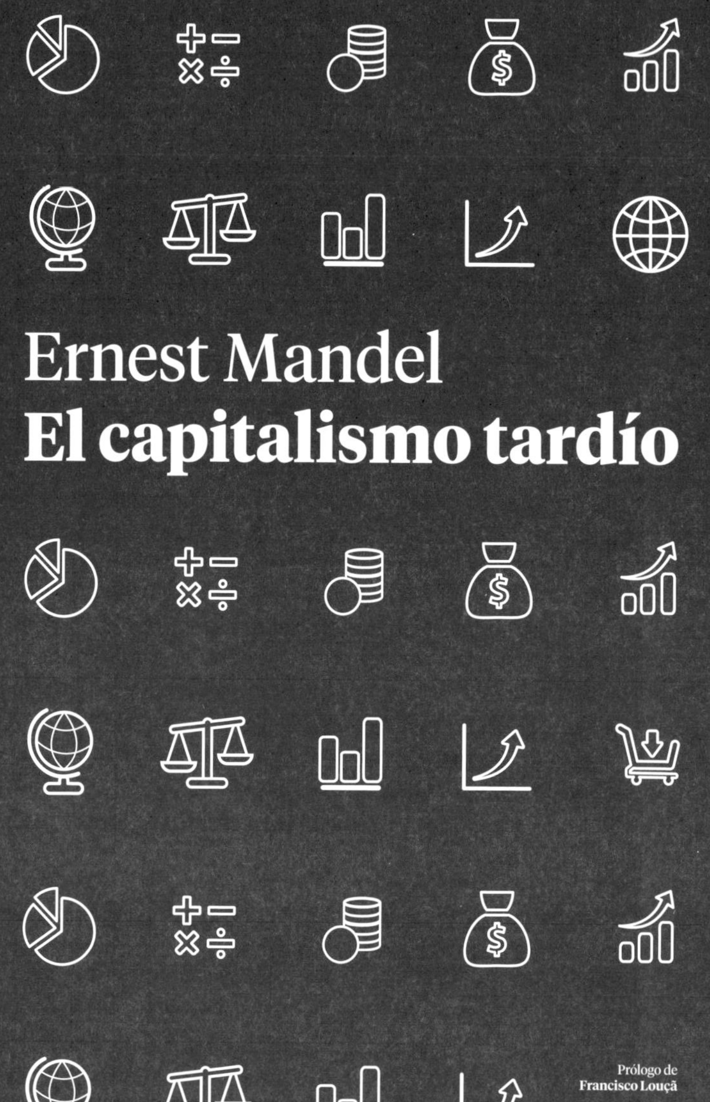

Ernest Mandel

El capitalismo tardío

Prólogo de
Francisco Louçã

Traducción de
Manuel Aguilar

30 años de Zapatismo por la humanidad, contra el neoliberalismo

Júlia Martí Comas y Arturo Landeros

■ ¿Cómo fue posible que un levantamiento indígena contra el neoliberalismo lograra irrumpir en la escena internacional y permanecer vigente desde hace tres décadas? ¿Qué ocurrió en Chiapas antes del 1 de enero de 1994 para que pueblos de origen maya en el sureste mexicano decidieran gritar *¡Ya basta!*? ¿Cómo ha sido la construcción de la autonomía zapatista para lograr materializar sus demandas de libertad, justicia, democracia, tierra, trabajo, salud, educación, en los territorios bajo su control?

Han pasado 30 años desde que el levantamiento del Ejército Zapatista de Liberación Nacional saltara a la luz pública mundial, haciendo coincidir la insurrección indígena con la entrada en vigor del Tratado de Libre Comercio de Norteamérica. El enfrentamiento armado entre la guerrilla chiapaneca y el ejército federal mexicano duró 12 días, cobrando vidas de ambos lados. Fue la sociedad civil la que salió a pedir el alto al fuego y el diálogo a ambas partes. El EZLN consultó a sus bases y desde entonces ha seguido una senda pacífica que busca el reconocimiento de los derechos indígenas en todo México. Sin embargo, gobiernos de diferentes colores han confrontado a los y las zapatistas, a veces con malabarismos legales, a veces con represión disfrazada de grupos paramilitares, para no dar salida al derecho de los pueblos y comunidades indígenas a la autonomía sobre sus territorios ancestrales.

Más allá de los debates teóricos, debemos reconocer que el zapatismo influyó fuertemente los caminos de transformación de algunas de las ideas que se daban por muertas en el mundo tras la caída del muro y el aparente triunfo del capitalismo. Abrió la posibilidad de la construcción altermundista, poniendo énfasis es la construcción de nuevas formas de relacionarse políticamente desde abajo, para que quien mande, lo haga realmente obedeciendo a los pueblos.

A su vez, los y las zapatistas ponen el dedo en la llaga de la herida sangrante del capitalismo, en su etapa neoliberal, sobre la humanidad. La capacidad destructora de los megaproyectos y sus empresas nacionales y transnacionales sobre el territorio de realización material y cultural de las comunidades indígenas.

El EZLN nos enseña el valor de la construcción de la autonomía indígena para poder reproducir su vida en condiciones de dignidad, vinculada al territorio. La existencia digna que pasa por poner en valor Lo Común, lo que no es de nadie, pero es de todos y todas. También, a través de la lucha ejemplar de las mujeres zapatistas, y de las diversas identidades de género, han logrado poner la vida en el centro de la lucha revolucionaria. Para ello, las comandantas, las milicianas, pero también las compañeras en su quehacer político, dan testimonio vivo de la posibilidad de cambio hacia el interior de sus organizaciones.

Y sin lugar a duda, el zapatismo ha sido ejemplar en la construcción de redes internacionales en diálogo permanente, no sólo por motivos de supervivencia frente al poder represor, sino con la idea firme de que para que las cosas cambien tienen que cambiar en cada rincón del mundo. Ejemplo de ello es la llegada de casi 200 zapatistas a Europa con motivo de la Gira por la vida en 2021.

Así mismo, es ejemplar la capacidad de resiliencia de los y las zapatistas, recomponiendo sus estructuras organizativas, analizando lo que no ha salido tan bien y así proponer nuevos caminos. En ese marco, la coyuntura actual es la de la transformación interna de autogobierno, con la fundación de los Gobiernos Autónomos Locales y el cierre de las Juntas de Buen Gobierno. Un movimiento que refuerza la democracia directa desde abajo.

Hoy, 30 años después de su primera aparición pública, queremos dedicar este plural al Zapatismo, para recorrer su historia, pero, sobre todo, reconocer los aprendizajes y lecciones que nos han brindado en su caminar.

Abrimos el plural con un artículo de **Arturo Landeros Suárez**, sociólogo de la organización *Taula per Mèxic*, en el que se hace memoria sobre los orígenes del zapatismo, que actualmente celebra su triple aniversario: 40 años de la creación del EZLN, 30 años del levantamiento del 1 de enero del 94 y 20 años de la fundación de las *Juntas de Buen Gobierno*; además, se explican algunas de las novedades sobre la organización interna de los pueblos y comunidades zapatistas ratificadas en la celebración del aniversario que tuvo lugar en el Caracol VIII en Dolores Hidalgo.

En el siguiente artículo, **Luis Hernández Navarro**, periodista, escritor y coordinador de opinión del periódico *La Jornada* y en su momento asesor del EZLN para los Acuerdos de San Andrés, analiza los primeros años del EZLN desde la óptica de quienes lo fundaron al alba del levantamiento. Relata su testimonio sobre los inicios del zapatismo en el Chiapas profundo, sobre la explotación y humillación del régimen caciquil, la rabia acumulada y el despertar de la insurgencia.

La violencia sufrida pero también la creatividad y firmeza en la defensa de la dignidad rebelde aparecen en el artículo de **Marta Durán de Huerta**, decana periodista y una de las primeras personas en entrevistar al subcomandante Marcos en 1994. En él la autora describe las muchas dificultades sufridas, incluido el contexto actual en el que el narcotráfico se expande por el territorio chiapaneco, convirtiéndolo en zona de guerra para el control de las rutas de migración y de tráfico de droga.

El trabajo de **Arturo Anguiano**, profesor investigador de la Universidad Autónoma Metropolitana y ex miembro del comité editorial de la revista *Rebeldía*, recompone la historia del zapatismo en su relación con los gobiernos y movimientos a escala nacional en México, desde sus inicios en un contexto marcado por el recién firmado TLCAN, hasta la actual constelación de poderes con un gobierno nacional encabezado por López Obrador y un EZLN que se mantiene firme en sus posiciones impugnadoras.

Raúl Romero, profesor universitario y técnico académico en el Instituto de Investigaciones Sociales de la UNAM, miembro de la Red Universitaria Anticapitalista, aborda las influencias que ha tenido el zapatismo en los movimientos de todo el mundo, un cambio cultural que también está ligado a un cambio material para las comunidades, que nos enseñan formas de defender y vincularse a la tierra y el territorio y construir alternativas al progreso ecocida.

En la misma línea, y a modo de cierre del plural, **Lola Cubells**, profesora e investigadora en antropología jurídica de la Universidad Jaume I, nos trae el testimonio de las redes neozapatistas y su desborde internacional. El texto continúa con reflexiones vitales sobre el sentido del internacionalismo hoy en día, alertando sobre lo que los y las zapatistas nombraron como el "síndrome de la cenicienta", pero también poniendo en valor el potencial de la escucha para transformar nuestras prácticas y el mundo.

DESVIADES

Normalidad gay y anticapitalismo queer

PETER DRUCKER

1. 30 AÑOS DE ZAPATISMO POR LA HUMANIDAD, CONTRA EL NEOLIBERALISMO

40, 30 y 20 años de reinvención zapatista en su guerra contra el olvido.

Arturo Landeros

■ Es muy conocido que al amanecer del primer día del año 1994, hace 30 años, miles de indígenas mayas tomaron por las armas las plazas de 7 municipios del estado mexicano de Chiapas, incluyendo la ciudad de San Cristóbal de las Casas. A este hecho le siguieron 12 días de enfrentamientos armados entre quienes se nombraron Ejercito Zapatista de Liberación Nacional (EZLN) y el ejército federal mexicano. Pero no todo el mundo sabe que esta guerrilla maya tuvo su origen en la decisión de un puñado de militantes que lo fundaron en 1983, y que provenían de un movimiento guerrillero del norte del país: las Fuerzas de Liberación Nacional (FLN), creadas en agosto de 1969 en Monterrey, Nuevo León.

Dado el autoritarismo del régimen del Partido Revolucionario Institucional (PRI), que gobernó México durante casi 80 años, y su alto grado de represión de las disidencias (como la matanza de estudiantes del 2 de octubre de 1968 en Tlatelolco), las FLN no veían vías políticas factibles para transformar al país. A diferencia de otras organizaciones activas en ese entonces, las FLN consideraban que la lucha urbana no iba a ser fructífera en las ciudades, así que fundaron un primer asentamiento en la selva chiapaneca, en febrero de 1972, con la idea de ir creciendo y, en un tiempo, formar un ejército popular. En 1974, las FLN vivieron su peor momento represivo. Como fichas de dominó, sus refugios fueron descubiertos por el ejército mexicano a raíz del ataque a la casa de seguridad en la población de Nepantla, Estado de México, donde fueron capturadas o asesinadas varias personas. Ahí encontraron documentos que llevaron al gobierno al grupo de Chiapas. Ahí fueron desaparecidos 7 guerrilleros de los cuales aún se desconoce su paradero. Entre ellos se encontraba el fundador de las FLN, César Yáñez, alías Manuel o Pedro.

Pese a la casi desaparición de las FLN, lograron reorganizarse y volver al sureste mexicano en la década de los 80, y el 17 de noviembre de 1983, hace 40 años, fundaron el EZLN. A partir de entonces, su presencia entre las comunidades indígenas empieza poco a poco a crecer hasta lograr la aceptación entre la población. Pero ante los planteamientos programáticos del EZLN, son las comunidades indígenas quienes, desde entonces, llevan a una reformulación de la lucha, dando mucho más peso a las decisiones que se toman en las asambleas de los pueblos.

Son las comunidades indígenas quienes llevan a una reformulación de la lucha, dando más peso a las decisiones que se toman en las asambleas

Las organizaciones indígenas, por su parte, pasaron de sufrir la dominación y tutelaje en las fincas de hacendados, que los trataban como bestias, a una incipiente organización que mejoraría el estado de su existencia. En 1974 la diócesis de San Cristóbal de las Casas, encabezada por su obispo Samuel Ruíz García, organizó el primer Congreso Indígena en Chiapas con motivo de los 500 años del nacimiento de Fray Bartolomé de Las Casas. Más de mil comunidades y sus representantes debatieron sobre la problemática de la tierra, el comercio, la educación y la salud. Durante tres días denunciaron en las cuatro lenguas de los pueblos participantes (tzotzil, tzeltal, tojolabal y chol) el abuso y la explotación, el despojo de las tierras, la destrucción de su cultura e incluso las violaciones y los asesinatos cometidos en las fincas, incluido el derecho de pernada.

La diócesis de San Cristóbal de las Casas colaboró al despertar consciente de la situación de explotación de los pueblos en busca de su emancipación. Para las comunidades indígenas, muy creyentes, fue importante entender que su dios no era el que los quería pobres, que eso era cosa del hacendado explotador. Aunque, desde luego, la diócesis no impulso el nacimiento de la opción armada.

La primera pulsión de las FLN, convertidas ya en EZLN, fue convencer a los pueblos indígenas sobre la forma en que se debía hacer la insurrección. Sin embargo, fueron las organizaciones indígenas chiapanecas las que convencieron a los miembros del FLN de cómo debían hacerse las cosas. Así creció el EZLN, con dos raíces que se encontraron y lograron actuar mutuamente según sus 7 principios: convencer y no vencer, proponer y no imponer, representar y no suplantar, bajar y no subir, construir y no destruir, servir y no servirse, y obedecer y no mandar.

Tras la guerra que enfrentó al EZLN con las fuerzas armadas mexicanas, y el llamado de la sociedad civil a un alto el fuego, los y las zapatistas decidieron consultar al pueblo mexicano sobre qué rumbo seguir. Los pueblos zapatistas decidieron seguir la vía del dialogo con el gobierno, lo que devino en los llamados Acuerdos de San Andrés sobre *Derechos y Cultura Indígena*, firmados entre ambas partes el 16 de febrero de 1996.

Sin embargo, el gobierno del entonces presidente Ernesto Zedillo optó por no honrar los Acuerdos, lo que rompió el dialogo y motivo el silencio del zapatismo hasta llegado el gobierno de Vicente Fox en el año 2000. Ante el cambio de gobierno y de partido en el poder, intentaron, a través de la Marcha del Color de la Tierra, llevar la propuesta al Congreso mexicano en 2001. Esta acción, que logró una movilización masiva a su paso, tuvo su momento de mayor trascendencia cuando la comandanta Esther leyó en la tribuna del Congreso los motivos para aceptar la ley indígena que, para ese entonces, era conocida como Ley Cocopa, al haber sido consensuada entre la Comisión de Concordia y Pacificación (Cocopa) y el EZLN. Pero las y los diputados de los principales partidos políticos, PRI, PAN y PRD, votaron una nueva Ley que desnaturalizaba el contenido de la Ley Cocopa. Una traición más del Estado mexicano al EZLN en la construcción de un dialogo para la paz y la transformación de la situación de subordinación sobre pueblos y comunidades indígenas.

El EZLN regresó a Chiapas, guardó silencio y en agosto de 2003 anunció la puesta en marcha de la ley indígena original en su territorio a través del nacimiento de los primeros cinco Caracoles y sus Juntas de Buen Gobierno (JBG). Las y los zapatistas decretaron el nacimiento de una nueva forma de relacionarse dentro del movimiento zapatista y, externamente, con las organizaciones y personas solidarias con el EZLN. La estructura zapatista quedaba constituida desde los gobiernos locales de los pueblos con sus autoridades; en un segundo nivel estaban los Municipios Autónomos Rebeldes Zapatistas (MAREZ) y el nivel regional eran los Caracoles, como sedes de las JBG.

Los Caracoles nacieron como el espacio de realización de las tareas zapatistas: techo, tierra, trabajo, pan, salud, educación, libertad, independencia, justicia, democracia y paz. Quedaba claro que nacía una entidad propia para el desarrollo político y social de las comunidades que ahora sería responsabilidad de las JBG, y que el EZLN como aparato militar quedaría como garante de esa autonomía. A partir de entonces, la interlocución nacional e internacional con el zapatismo para apoyos y solidaridades sería con las JBG directamente.

A través de los Caracoles, los y las zapatistas consolidaron su forma de administración interna y la compartieron con las comunidades no zapatistas de su entorno. No son pocas las personas de los asentamientos colindantes a las regiones zapatistas que acuden a ellas para obtener educación y salud, pese a no pertenecer a la organización. Los y las zapatistas no dudan en otorgar este servicio a sus hermanos y hermanas indígenas. Pero es más llamativo que recurran también a la justicia zapatista, sistema no punitivista para la resolución de conflictos.

Sin embargo, después de 20 años de fundadas las Juntas de Buen Gobierno, el EZLN ha comenzado un proceso de transformación de su estructura organizativa territorial. Los y las zapatistas dicen que la estructura anterior terminó funcionando como una pirámide. Reconocen que uno de los fallos fue construir esa pirámide en la que había unos cuantos representantes. Si el pueblo manda y el gobierno obedece había que tumbar la pirámide, porque las y los representantes se iban alejando de los pueblos. Las autoridades se estaban distanciando, no por mala fe, sino porque a veces se creaba una dinámica de teléfono descompuesto o descacharrado. La información desde los pueblos hasta las JBG, en ocasiones, no llegaba en su totalidad. La voluntad del pueblo no se veía representada. Esa era la pirámide.

La primera tentación fue darle vuelta a la pirámide, pero tampoco era solución. Las cosas seguían teniendo un flujo vertical. En su reflexión, las y los zapatistas ven esa estructura muy similar con la pirámide capitalista, donde las propuestas del pueblo no llegan arriba, las propuestas no se toman en cuenta. Ahí, los y las zapatistas fueron encontrando trabas en el flujo de las decisiones y de las acciones. En el camino se perdía mucha información, desde los y las comisarias y agentes de los pueblos hasta las JBG y viceversa. Cuando entraba una JBG no siempre daba continuidad a los trabajos anteriores, quedaban cosas a medio hacer.

Los pueblos querían decidir, pero no podían. A 20 años de la constitución de las JBG se dieron cuenta de que había que cambiar, no sirve copiar lo que hace el capitalismo en pirámide. Había que destruirla. En sus palabras, la democracia es de los pueblos, como en el 94 decidieron ir a la guerra, este pasado 2023 los pueblos decidieron tirar la pirámide. Lo sometieron a discusión y decidieron cambiarlo y empezar con lo nuevo, ahora poniendo énfasis en el abajo.

El resultado es una nueva estructura basada en los Gobiernos Autónomos Locales (GAL). El gobierno está abajo, en los GAL, lo demás sólo coordina. Los nuevos Colectivos de Gobiernos Autónomos Zapatistas (CGAZ) no son autoridad, solo son espacios de coordinación. Estos se reúnen por unos días y se vuelven a sus pueblos. Cuando el CGAZ no pueda resolver lo de la región, entonces entrará la Asamblea de Colectivos de Gobiernos Autónomos Zapatistas (ACGAZ), ahí se convoca a los cientos de pueblos y miles de autoridades que se reunirán por el tiempo que haga falta. Así no hay gobierno arriba, el gobierno está en los GAL, en los pueblos.

Es difícil que cualquier movimiento social, indígena o urbano pueda compararse a la trayectoria de estos 40, 30 o 20 años

Es difícil que cualquier movimiento social, indígena o urbano pueda compararse a la trayectoria de estos 40, 30 o 20 años de aniversarios zapatistas. No es sólo la longevidad de su caminar, sino la capacidad de reinventar su organización, la creatividad de su proceso vital, reacomodando lo que no ha funcionado sin morir en el intento.

Pero la buena nueva es que hay zapatismo para rato. Lo atestiguan unos jovencísimos milicianos y sobre todo unas jovencísimas milicianas que han hecho suya la rebelión a ritmo de Panteón Rococó. Nuevas generaciones zapatistas que permanecen cuando en muchos movimientos sociales la lógica es que los más jóvenes opten por abandonar los ideales de sus padres y mayores. Serán ellos y ellas quienes modelen el zapatismo de los años por venir.

El zapatismo abrió la posibilidad de la construcción altermundista de nuevas formas de relaciones políticas frente al despojo que se vivía en las fábricas y los barrios, convocando a una rebelión intergaláctica: por la humanidad y contra el neoliberalismo. Hoy esta frase sigue tan vigente como hace 30 años.

Arturo Landeros es sociólogo de la organización *Taula per Mèxic*

2. 30 AÑOS DE ZAPATISMO POR LA HUMANIDAD, CONTRA EL NEOLIBERALISMO

Chiapas, el despertar

Luis Hernández Navarro

a *Jtotik Miguel*

■ En una noche estrellada en la cabecera municipal de San Pedro Chenalhó, compartiendo unos tragos, el sacerdote Miguel Chanteu conversaba plácidamente con un par de jóvenes llegados del centro del país. Las canciones de Juliette Gréco tocadas en un viejo tocadiscos, competían con el sonido de grillos y otros concertistas nocturnos.

Era agosto de 1976. El padre Miguelito, como cariñosamente le llamaban sus fieles, les mostraba a los fuereños una revista, *Alarma!*, en la que un reportaje lo acusaba de organizar orgías con los jóvenes *mochileros* europeos que visitaban su parroquia. "El padre Miguel cree en los *hippies*", decía la publicación. El semanario era una pequeña prueba, entre otras muchas, del acoso del que ya entonces era víctima por parte de los *caxlanes*, que veían de mala manera su compromiso con los tsotsiles. Jacinto Arias era el alcalde del municipio.

El sacerdote nació en Normandía, Francia, en 1930, y ejerció el ministerio como cura-obrero. En 1965 llegó a Chiapas, después de tomar un curso (*en parte de desgringalización*) con Iván Illich. Cuando arribó a Chenalhó -les contó a los forasteros aquella noche húmeda- había tres catolicismos. El de los mestizos, que nada tenía que ver con el verdadero catolicismo, porque es más fácil "que un camello pase por el ojo de una aguja, que un rico entre en el Reino de los cielos". El de los indios, con sus modos y sus costumbres. Y el del cura, en un principio ajeno a los otros dos. Pero, más pronto que tarde -les confesó-, el amor a su pueblo lo convirtió en pedrano, lo llevó a hablar su lengua y hacer suyas las más profundas creencias de los tsotsiles.

A finales de 1992, los pedranos se movilizaron para liberar a unos compañeros suyos injustamente presos. Apenas unos días antes, el 12 de octubre, un contingente en el que participaban integrantes de la Alianza Nacional Campesino Indígena Emiliano Zapata (Anciez), algunos de ellos con arcos y flechas, había derrumbado la estatua del conquistador Diego de Mazariegos, durante la marcha para conmemorar los 500 años de resistencia indígena, negra y popular. A raíz de la protesta de los habitantes de San Pedro, el periódico *Cuarto Poder* le dedicó al religioso sus ocho columnas: “Sacerdote francés agita Chenalhó”. Y líneas abajo, un artículo anónimo denunció: “Miguel Chanteau guía a los indígenas en su ignorancia a cometer atrocidades”.

La fidelidad del párroco a su gente le costaría caro. En febrero de 1998, un par de meses después de la masacre de Acteal, en la que grupos paramilitares asesinaron a 45 integrantes del grupo Las Abejas que oraban por la paz en la ermita de Acteal, Chenalhó, el gobierno lo expulsó del país. La ira del gobierno de Ernesto Zedillo canceló así la posibilidad de que el religioso siguiera ejerciendo el sacerdocio en la región, después de 32 años de hacerlo. Signo de los tiempos, ya no lo acusaban, como lo hizo *Alarma!*, de organizar “orgías *hippies*”, sino de intervenir en la política interna del país. Indignado y conmovido hasta lo más profundo de su ser por la atrocidad, don Miguel tuvo la osadía de llamar a las cosas por su nombre: “la matanza de Acteal -dijo- fue un plan del Gobierno para destruir las bases de apoyo zapatista".

Desde Francia, fuera del territorio donde latía su corazón, les escribió a sus feligreses, víctimas de la violencia contrainsurgente: “Sean profetas de su pueblo, sosteniendo su esperanza de que un día ustedes también regresarán a vivir en paz a sus parajes con justicia y dignidad”.

En 2022, el Miguel Chanteu falleció en San Cristóbal de las Casas, adonde pudo regresar después de un largo exilio. Para despedirlo, Las Abejas de Acteal, le solicitaron: “Jtotik Miguel, te pedimos presentes ante Dios dile por favor que nos estamos muriendo y no es solo por las enfermedades curables, sino de todo el plan de muerte y destrucción de los ricos y poderosos en complicidad con los sicarios, el crimen organizado, el narco, bajo la anuencia de los malos gobiernos locales, estatales y federales en turno”.

La conversión del párroco hasta hacerse indígena, es una ventana para asomarse a la enorme transformación vivida por los pueblos originarios

La conversión del párroco hasta hacerse indígena, es una ventana para asomarse a la enorme transformación vivida por los pueblos originarios en Chiapas en las últimas cuatro décadas. Una transformación de la que nació el Ejército Zapatista de Liberación Nacional (EZLN), al tiempo que los mismos rebeldes la catalizaban, en la que los pueblos originarios se han convertido en sujetos de su propia historia.

La Foto

En 1985, Fabrizio León tomó una fotografía. La imagen habla por sí misma. Con los pesados bultos de café a sus espaldas y las huertas del aromático desplegadas hasta las faldas de la montaña frente a ellos, tres jornaleros indígenas chiapanecos caminan para dejar su carga. Es el último jalón del día. Tras una interminable faena pizcando las cerezas, se dirigen a dejar su carga al finquero antes de que el sol se ponga. Es un fruto cosechado con sangre y sudor, con despojo y dolor.

La historia que cuenta la imagen dista de ser anécdota. Ese pasado sigue presente. Está grabado en la piel y los recuerdos de quienes lo padecieron, pero también en sus hijos y nietos.

En el estado detentaba el poder la familia chiapaneca, en lo que parecía una novela de B. Traven. Estaba integrada por abusivos finqueros que explotaban salvajemente la mano de obra indígena y ejercían el derecho de pernada, practicaban la ganadería extensiva depredadora y talaban bosques y selvas. Para su protección y el sometimiento de los descontentos, disponían de guardias blancas y de los servicios del Ejército. La memoria de los agravios vividos en las fincas y en el dolor de la pobreza de los parajes de los Altos estaba a flor de piel de los indígenas, que los padecieron como peones acasillados o campesinos y colonizaron la selva en un moderno éxodo, pero también de quienes, como en Simojovel, Huitupán o Salto del Agua, los seguían sufriendo hasta a los 80.

En su formidable libro, *Justicia autónoma zapatista: zona selva tzeltal*, Paulina Fernández Christlieb, escribió:

> "Para quienes nacieron y trabajaron en aquellas fincas, lo que todavía importa a esos viejitos y viejitas son los tratos de animales que les daban, son los golpes de látigo que recibían de castigo. Son las jornadas de más de 12 horas sin pago, son los kilómetros que hay entre la finca y la ciudad hasta donde tenían que llegar y desde donde tenían que traer carga sobre sus espaldas".

De la amarga experiencia de nacer y trabajar como peones acasillados en fincas y monterías, del abuso de las mujeres por señores de horca y cuchillo, pero también del éxodo hacia la selva para construir otro futuro, nació la rabia y la obligación de cambiar las cosas, la voluntad de rebelarse contra un orden no solamente injusto, sino indigno.

A principios de la década de 1970, cientos de miles de indígenas chiapanecos dispusieron recuperar sus tierras, cosechas y vidas

A principios de la década de 1970, cientos de miles de indígenas chiapanecos, en su mayoría tseltales, tsotsiles, choles y tojolabales, dispusieron recuperar sus tierras, cosechas y vidas. Ocuparon latifundios; se asociaron en cooperativas para comercializar al margen de coyotes su café, ganado, maíz y artesanías; intentaron formar sindicatos para negociar mejores condiciones laborales; recuperaron su lengua; buscaron darse abasto y salud.

Su osadía al bordar el tejido asociativo de la resistencia provocó que pagaran una altísima cuota de sangre, cárcel y persecución policiaca y militar. Un ejemplo, entre muchos más: en el verano de 1980, en Wolonchán, municipio de Sitalá, campesinos desalambraron y ocuparon miles de hectáreas injustamente apropiadas por terratenientes ganaderos. Era gobernador de la entidad Juan Sabines Gutiérrez. Buscando poner *las cosas en su lugar*, el 30 de mayo de ese año, de las armas largas de las fuerzas del orden salió el fuego que asesinó a 50 indígenas.

Con el acoso permanente de las *guardias blancas* de finqueros y pistoleros con uniforme, las y los indígenas tuvieron que emprender un moderno viacrucis para que se reconociera la posesión de sus tierras. Recorrieron inútilmente oficinas públicas y tocaron puertas de funcionarios agrarios. En peregrinaciones/manifestaciones caminaron la cinta de asfalto que comunica Tuxtla Gutiérrez con la Ciudad de México. Con demasiada frecuencia, el transitar por el camino de las leyes les resultó inútil. La ruta del derecho sirvió para negarles justicia.

Muchas de esas personas indígenas miraban más allá de sus demandas inmediatas. El tileco Abraham López Ramírez fue el dirigente histórico de la Cooperativa Cholom Bolá. Además de comercializar su café soñaba con instaurar la República Chol. En las paredes de su oficina colgaba un cartel en el que se anunciaba la inminencia de que su deseo se cumpliera, impreso años atrás, en la época en que los franciscanos trabajaron en la región.

La mezcla de viejos agravios y lucha sin solución contra ellos, facilitaron las condiciones para que en buena parte de Chiapas se creara un peculiar *animal asociativo* de tres patas: organizaciones campesinas productivas, la palabra de Dios y el instrumento para defenderse del mal gobierno y la familia chiapaneca, el EZLN. El 1° de enero de 1994, esas comunidades en lucha desde décadas atrás dijeron *¡Ya Basta!*, y se levantaron en armas. No estaban solas. La sublevación conectó con un profundo descontento nacional.

Señales

Una contra-reforma al artículo 27 constitucional de 1991 nubló el horizonte en el campo y produjo múltiples transformaciones en el mundo rural. La apertura al mercado de las tierras en manos campesinas e indígenas, que antes eran inembargables, abrió una caja de Pandora que alimentó la rebelión.

"Pasen a firmar los que no tengan miedo", dijo el entonces presidente Carlos Salinas de Gortari, copiando las palabras de Emiliano Zapata, a 268 líderes rurales, entre los que se encontraban familiares del Caudillo del Sur. En la casa presidencial de Los Pinos, ante un cuadro del jefe del Ejército Libertador, los dirigentes de las centrales nacionales avanzaron uno a uno a suscribir el Manifiesto Campesino que avaló el fin del reparto agrario y la privatización del ejido. La fecha quedó registrada: 1° de diciembre de 1991.

Antes de comenzar la ceremonia, unos cuantos representantes que se olieron de qué iba la encerrona, preguntaron dónde estaba el baño y pusieron pies en polvorosa para no sumarse al documento. Entre ellos se encontraba un viejo líder agrario chiapaneco que, después de ese día, prefirió desaparecer de la actividad pública.

Cientos de miles de campesinos y campesinas en todo el país, que llevaban décadas luchado por la tierra, vieron como una gran traición el compromiso adquirido ese día de sus líderes de superar el reparto agrario convocando a un gran esfuerzo de conciliación entre la gente del campo. En Chiapas se prendieron las señales de alerta. El zapatismo dio un salto organizativo enorme. Los pueblos acordaron tomar la ruta de los fierros.

Ante la opinión pública, los primeros indicios públicos de la existencia de los insurgentes aparecieron el 22 y el 23 de mayo de 1993, cuando el Ejército encontró el campamento rebelde de Las Calabazas, en la sierra Corralchén, de la Selva Lacandona. El 24 de mayo, los soldados rodearon la comunidad de Pataté, concentraron a sus habitantes en el centro y, sin orden de cateo, se metieron a revisar casas. Encontraron unas cuantas armas de bajo calibre, utilizadas para cazar. Ocho indígenas fueron detenidos. Más tarde arrestaron al azar a dos guatemaltecos que vendían ropa. Fueron acusados de traición a la patria. La región se militarizó y se derramaron nuevos y abundantes recursos del Programa Solidaridad. Pero el camino de la rebelión siguió adelante.

Casi 10 años antes, el 17 de noviembre de 1983, se había fundado el EZLN. Seis personas, tres indígenas y tres mestizos, una mujer y cinco hombres, establecieron en Tierra y Libertad, hasta el fondo del Desierto de la Soledad, donde no había ni un alma, un campamento guerrillero. Nueve meses después, en agosto-septiembre de 1984, se unió al contingente el *capitán segundo Marcos*

La llegada del *capitán Marcos* a la selva coincidió con el avance de las revoluciones en Nicaragua, El Salvador y Guatemala. En las más remotas comunidades de la Lacandona podían escucharse Radio Habana, Radio Sandino y Radio Farabundo Martí. Engarza, además, con grandes movilizaciones magisteriales, campesinas e indígenas y con el avance de la iglesia progresista en la región, encabezada por el obispo Samuel Ruiz.

El núcleo promotor del EZLN se encontró con cientos de comunidades politizadas y cohesionadas, con multitud de dirigentes indígenas auténticos (muchos formados por la iglesia) sin vínculos con el PRI y con organizaciones sociales con cada vez menor capacidad de gestión. Y con una salvaje represión. La combinación de la lucha por la tierra, la apropiación del proceso productivo y la palabra de Dios formó un potente coctel asociativo que, sin embargo, estaba incompleto. Pese a sus proezas organizativas, de su formación y sus luchas, la discriminación, el maltrato y la humillación persistían. El camino de las armas, impulsado por las y los zapatistas, dio a las comunidades lo que el gobierno hecho finca les negaba: satisfacer su deseo de saber, la reconstitución como pueblos, el orgullo de ser quienes eran, la dignidad rebelde.

La combinación de la lucha por la tierra, la apropiación del proceso productivo y la palabra de Dios formó un potente coctel

Así que bastaron 10 años para que ese núcleo original de seis personas se convirtiera, como Espartaco, en miles. A partir de 1992 las comunidades comenzaron a acordar declararle la guerra al gobierno. Guardaron el secreto, hasta que el 1° de enero de 1994 se alzaron.

Ese hermetismo también lo procuraron, antes y después del levantamiento de 1994, los maestros del sistema de educación pública que trabajaban en escuelas de poblados zapatistas y vieron cómo la fiebre de la revolución crecía en ellos. Al igual que los papás de sus alumnos, silenciaron lo que sucedía ante sus ojos.

Uno de ellos enseñaba, con otros dos más, en una escuela multigrado en San Miguel, cerca de La Garrucha. Desde que estudiaba en la Normal Rural de Mactumactzá escuchaba que había grupos armados de este lado del río Lacantun. Pensaban que se trataba de las guerrillas guatemaltecas. Pero otros sabían que el EZ (al que nombraban sin la E) ya andaba organizándose y visitando pueblos. En la normal estaban prohibidos los grupos ideológicos, pero actuaba el Partido de los Pobres, los chapines y chavos que apoyaban a los que tendrían como uniforme pantalón negro, camisola café, gorra y paliacate o pasamontañas.

En San Miguel sólo quedaron las mujeres y los niños. Los hombres ya no estaban en la comunidad. Se movieron a la Montaña. No se sabía cuándo iban a irrumpir armados, pero había la certeza de que estaban organizándose en una guerrilla. Tenían un absoluto respeto a los maestros. Nos pedían que no comentáramos nada. Los muchachos de secundaria del equipo de futbol dejaron de ir a jugar. Era normal que desaparecieran. Tras 1994, el combinado se llamó EZLN. Su logo, la figura del *Che*.

Platican los maestros sobre aquellos años:

"La vida en las comunidades era muy organizada. Los zapatistas son muy disciplinados, muy organizados, muy aseados. Cada quien sabía lo que tenía que hacer. Eran evidentes los cambios en los jóvenes. Los niños tenían una visión muy crítica de la sociedad. En el desfile del 20 de noviembre, se vestían con paliacates, pasamontañas y rifles de palo. Llevaban caballos. Sus consignas eran: ¡Zapata vive, la lucha sigue! ¡Muera el mal gobierno! Era una algarabía. Cantaban canciones de la guerrilla".

En las asambleas de las cooperativas de pequeños productores de café algunos de sus dirigentes *desaparecieron* del mapa, para reaparecer hasta después del alzamiento, ya no como caficultores, sino como zapatistas. Otros (muchos de ellos jóvenes) se ausentaron durante algún tiempo y retornaron con una formación política sorprendente. Varios más, usualmente muy activos en las asambleas de sus asociaciones, visiblemente cansados, dejaron de intervenir en las juntas, mientras dormitaban recargados en los bultos del aromático. Después se sabría que utilizaban las noches para entrenarse en otros menesteres.

Las grandes centrales campesinas nacionales comenzaron a desmoronarse por dentro. Se fueron transformando rápidamente en cascarones semivacíos.

Sus dirigentes intermedios seguían adheridos a sus siglas, pero su política era ya muy otra.

Simultáneamente, multitud de productores que durante años habían recibido créditos del Programa gubernamental para combatir la pobreza, para financiar sus cosechas y los habían devuelto religiosamente, dejaron de pagarlos y usaron los recursos para otras cosas. No fueron pocos los que vendieron sus vacas y puercos, ni los que dejaron de sembrar maíz. Se estaban preparando para algo grande. Mientras, las comunidades votaban por declarar la guerra al mal gobierno.

La inminencia del levantamiento armado era rumor insistente en círculos chiapanecos. Se hablaba de que sería el 28 de diciembre, Día de los Inocentes. Resultaba incierto si sucedería, su magnitud y la forma que tomaría.

El rayo en la oscuridad

Un rayo en la oscuridad del neoliberalismo salinista iluminó al México de abajo en la noche del 31 de diciembre de 1993. Al sonar el tambor del alba, decenas miles de indígenas zapatistas ocuparon militarmente las cabeceras municipales de las siete principales ciudades de los Altos y la selva de Chiapas.

El EZLN había crecido durante años en silencio, bajo la hierba, hasta que llegó el momento de levantarse en armas. La contrarreforma al artículo 27 constitucional izó la bandera blanca del reparto agrario y la entrada en vigor del Tratado de Libre Comercio de América del Norte convirtió al país en *Maquilatitlán*; no les dejaban alternativas en el horizonte.

El grito zapatista de *¡Ya Basta!*, del 1° de enero de 1994, sacudió el país entero y llegó a los más disímbolos rincones del planeta. Sus manifestaciones fueron tan inesperadas como diversas.

En los días álgidos del conflicto, la Coordinadora Nacional de Organizaciones Cafetaleras (CNOC), con una presencia relevante en Chiapas, se involucró en la búsqueda de una salida pacífica al conflicto. Pese a que estaba integrada mayoritariamente por indígenas, sus miembros no solían identificarse hasta ese momento como tales. Pero el levantamiento trastocó esta dinámica y despertó en ellos un enorme orgullo de pertenecer a los pueblos originarios. En una asamblea efectuada en la antigua Ciudad Real, el maestro Humberto Juárez, un mazateco presidente de la organización, comenzó inesperadamente su discurso en su lengua, dirigiéndose a los asistentes como "hermanos indígenas". El cambio era notable. En las reuniones, usualmente se hablaba en español y los pequeños caficultores se referían a sí mismos como "compañeros productores de café". Hechos similares se precipitaron en todo el país.

A finales de 1995 pareció abrirse una ventana para atender una parte de su larga lista de agravios y reconocer constitucionalmente un nuevo pacto entre el Estado y los pueblos indígenas, que admitiera su existencia como tales y su derecho a la libre determinación y a la autonomía como parte de ésta. En esta dirección, el 16 de febrero de 1996 se firmaron los Acuerdos de San Andrés sobre Derechos y Cultura indígenas.

3. PLURAL

El Estado mexicano nunca cumplió su palabra (sigue sin hacerlo). En su lugar aprobó una caricatura de reforma constitucional que le reconoció a los pueblos originarios derechos siempre y cuando no pudieran ejercerlos. Sin pedir permiso, en silencio, los zapatistas se dedicaron a llevar a la práctica lo que debió de aprobarse en la ley: construir la autonomía. En agosto de 2003 anunciaron, sin darle ese nombre, la creación de la Comuna de la Lacandona.

Hace ya 20 años de eso. Desde entonces, al margen de los funcionarios constitucionales (partidistas, les llaman ellos) y de la acción contrainsurgente en su contra, nombran sus propias autoridades, ejercen justicia, organizan de manera autogestiva la producción agropecuaria, se hacen cargo de la salud y la educación de sus bases de apoyo, desarrollan arte y deportes, sin aceptar recursos gubernamentales.

Con la memoria puesta en el infierno de lo que fue la vida en las fincas, el zapatismo ha formado a varias generaciones de indígenas rebeldes. A pesar del paso de los años, su impulso y vocación emancipadora se mantienen con un vigor inusual. En sus fronteras flexibles, no hay explotación. La industria criminal no ha podido avanzar en ellas. Muchas cosas han cambiado en el país y en el mundo gracias a ese impulso emancipador. Más cambiarán.

Han pasado 30 años de ese *¡Ya Basta!* Desde aquellas fechas, las y los zapatistas no sólo han sobrevivido. También han construido una de las más asombrosas y sorprendentes experiencias de autogobierno y autogestión anticapitalistas. Se han renovado generacionalmente. Son un fermento contracultural excepcional y una fuente de inspiración para miles de luchadores altermundistas en todo el planeta.

Luis Hernández Navarro es coordinador de opinión del periódico *La Jornada* y fue asesor del EZLN

3. 30 AÑOS DE ZAPATISMO POR LA HUMANIDAD, CONTRA EL NEOLIBERALISMO

Treinta años de horas extra

Marta Durán De Huerta

■ Hace treinta años le pregunté al entonces Subcomandante Marcos algo sobre el siguiente paso del movimiento. Me miró muy serio y me dijo: "No sé si mañana existamos. Desde el primero de enero estamos viviendo horas extra".

Han pasado 30 años de horas extra y las y los zapatistas no dejan de asombrarnos. Son las personas más pobres de México y las más organizadas; las más aisladas geográficamente y las más globales; los de menor talla y los de mayor estatura moral.

Saben bien qué quieren y saben mucho mejor qué no quieren; lo más difícil ha sido el camino para lograrlo. En un principio pensaron que la lucha armada sería la mejor vía, pero la sociedad civil no estuvo de acuerdo, aunque apoyó las justas demandas de los rebeldes. Intentaron por la vía electoral apoyando la candidatura de Cuauhtémoc Cárdenas a la presidencia de la República, pero, como de costumbre, hubo fraude electoral.

Echaron mano de consultas, congresos, marchas, comunicados y todo tipo de estrategias pacíficas. Las caravanas de los grupos de solidaridad apoyamos con todo lo que pudimos, pero no bastó.

Las y los rebeldes se encerraron, se aislaron para consolidar sus propias instituciones, su propio sistema de justicia, de educación y de salud, así como sus propios proyectos productivos y cooperativos. Recuperaron tierras que les habían sido arrebatadas en el pasado, como las de Dolores Hidalgo donde celebramos en diciembre pasado el 30 aniversario del levantamiento del Ejército Zapatista de Liberación Nacional.

Han pasado tres décadas y las y los zapatistas siguen dando la batalla por un país con paz, justicia y libertad

Han pasado tres décadas y las y los zapatistas siguen dando la batalla por un país con paz, justicia y libertad; desarrollando estructuras políticas horizontales y transparentes donde las decisiones se toman en colectivo, donde el consenso es central.

La simulación
Al tiempo que el gobierno simulaba interés en un diálogo con los rebeldes, en realidad formaba grupos paramilitares y dejaba que los problemas crecieran, que los conflictos se acentuaran y que el panorama político se pudriera.

Desde 1994, los asesinatos selectivos de líderes indígenas y campesinos no solo no cesaron, sino que aumentaron. La masacre de Acteal (22 de diciembre 1997) fue una cruel e infame demostración de fuerza de los poderes fácticos en Chiapas. La intención de matar inocentes que ayunaban y rezaban por la paz, fue la de paralizar a la gente por medio del horror. Las atrocidades cometidas por los paramilitares con la complicidad de las policías y en las narices del Ejército, se volverían en México, el pan de cada día.

La palabra como puente
Junto a las organizaciones indígenas, las y los zapatistas accedieron a buscar una solución al conflicto por la vía del diálogo. Tras meses de intenso trabajo, los Acuerdos de San Andrés fueron guardados en el archivo muerto del gobierno, cajón del olvido. En el año 2001, cuando fueron llevados al Congreso, las y los diputados desconocieron y/o borraron los puntos más importantes de los Acuerdos de San Andrés, los más esenciales para las comunidades indígenas como la autonomía y el respeto a la cultura, usos y costumbres indígenas. Las campañas contra las comunidades indígenas fueron infames. Se decía que querían separarse de México, que eran títeres de intereses oscuros y que si les daban la autonomía volverían a los sacrificios humanos. Aquel desfile de pendejadas difundidas por la prensa de alquiler hizo mella en personas que no tenían otra fuente de información o que por fin veían justificado su ancestral racismo.

La nueva violencia
Para que los militares tuvieran buena imagen, se crearon grupos paramilitares que hicieron el trabajo sucio de los *guachos*, es decir, de las fuerzas armadas. Los soldados, los paramilitares y los priístas armados, es decir, los miembros del Partido de la Revolución Institucional, se encargaron de poner en marcha una guerra de baja intensidad contra los y las zapatistas o sus simpatizantes.

Desde los primeros años del levantamiento zapatista, la violencia no ha cesado, se ha transformado y se ha intensificado. En todos estos años, el Estado no ha hecho nada para combatirla. Desde enero de 1994, Chiapas está militarizado, pero no para proteger a la población. Su misión era de contrainsurgencia y el supuesto control de los flujos migratorios que entran por la frontera sur.

Estados Unidos presiona a México para que éste último impida que las caravanas de personas refugiadas y migrantes lleguen a Estados Unidos. En 2018, la recién formada Guardia Nacional fue enviada a la frontera sur para cerrar la puerta; sin embargo, la presencia de los militares, de la Guardia Nacional y los agentes de migración solo ha servido para administrar el gran negocio del tráfico de personas, el cual está en manos del crimen organizado. El cártel de Sinaloa y el Jalisco Nueva Generación están en guerra por el control del territorio, con todo y reclutamiento forzado de carne de cañón.

El crimen organizado ya tiene el control de toda la economía chiapaneca. Las comunidades zapatistas son de los pocos que han denunciado y han enfrentado a estos grupos; la pregunta es por cuánto tiempo más podrán resistir esa enorme presión. La Selva Lacandona se volvió un sitio ideal para descargar armas y cocaína en pistas clandestinas. La ruta de los traficantes de armas, drogas y personas pasa por comunidades zapatistas. Por todo el estado aparecieron fosas clandestinas, cadáveres con signo de violencia como mensajes macabros, y todos esos horrores que son comunes en el norte de México y nuevos en la muy codiciada frontera sur. El peligro es tal, que algunas zonas arqueológicas como Yaxilán, o la zona eco turística Las Nubes, están cerradas al público desde hace meses. La gran pregunta es por qué las fuerzas armadas y el gobierno no han actuado con contundencia.

El crimen organizado ya tiene el control de toda la economía chiapaneca. Los zapatistas son los que han enfrentado a estos grupos

Las y los zapatistas, al igual que el resto de chiapanecos están a merced de los cárteles armados hasta los dientes, locos y sádicos. Estas tropas salidas de infierno hacen lo que se les da la gana ante la complacencia o impotencia del gobierno local o federal.

La resistencia, el único camino

Las y los zapatistas buscan constantemente nuevas maneras de organizarse, de hacer las cosas. Si algo no funciona, se intenta otra cosa. Si el camino no lleva lejos, se toma otro. Mucho se decide sobre la marcha, pero la brújula interna de este movimiento social tiene un norte muy claro.

Para las comunidades, los problemas se multiplican año con año. Hay fracturas internas, problemas de tierras entre quienes fueron zapatistas y decidieron ya no serlo. Hubo quien decidió recibir el dinero del gobierno de Andrés Manuel López Obrador, lo que significó la expulsión inmediata; otros decidieron migrar. Pero la peor pesadilla llegó hace dos años: el crimen organizado. Actualmente el Cártel de Sinaloa y el Cártel Jalisco Nueva Generación están en guerra a muerte por el control de la frontera sur, las rutas de la droga, de las armas, del contrabando y sobre todo, de las personas migrantes; ellas son una mina de oro cuyo tráfico, transporte y esclavitud deja más dinero que los estupefacientes. Toda persona migrante, sin importar su procedencia, es extorsionada, abusada, secuestrada o robada. El tráfico de personas está en manos del crimen organizado y es un negocio multimillonario en el que participan políticos de todos colores, tamaños y sabores, todas las policías, la Guardia Nacional y el Ejército.

Las organizaciones criminales necesitan carne de cañón y la leva, el reclutamiento forzado de jóvenes que hicieron en el norte de México, ya se practica en Chiapas. La juventud ha tenido que huir y tras ella, el resto de la familia. Los narcos llegan a tu casa y te sacan a rastras sin que se vuelva a saber de ti. Ir a la escuela es un peligro; salir a la calle, ni pensarlo. En Chiapas hay un impresionante desplazamiento forzado e interno de poblaciones enteras ante la indiferencia, complacencia o impotencia de las autoridades. La ruta de los traficantes de migrantes, de la droga y de todo lo prohibido ya pasa por territorio zapatista. Los caminos cercanos ya están controlados por los delincuentes. En algunas regiones, los narcos obligan a la población a que los vitoreen cuando los sicarios desfilan por sus pueblos.

La semilla

A pesar de los pesares, y teniendo todo en contra, la semilla zapatista está ahí. Las comunidades no son las mismas que antes del levantamiento. Tienen una conciencia clara de su papel en la historia, tienen una dignidad rebelde, un convencimiento absoluto de que su revolución es el camino a seguir. Los cambios en las comunidades zapatistas son impresionantes, como en el nuevo rol de las mujeres; ellas y los niños han sido los más beneficiados con los frutos del zapatismo. Hay pobreza y muchas carencias, eso es innegable, pero la conciencia, el sentido que le dan a sus vidas, sus sueños e ilusiones por un mundo mejor, no lo tienen otros pobres, que simplemente ven pasar la vida día a día.

Las y los zapatistas tienen metas, sueños, objetivos claros como su lucha contra el neoliberalismo, ese capitalismo salvaje que devora personas y recursos naturales. También, desde sus trincheras combaten la corrupción, ese cáncer que pudre todo lo que toca. En las comunidades no hay alcoholismo, corrupción, drogadicción o feminicidios como en el resto del país. Tienen un tejido social sano, limpio, intacto, en contraste con el resto del país, pero están más solos que nunca.

Las y los zapatistas saben que las soluciones efectivas son colectivas, comunitarias, no individuales. La derrama de ayudas sociales del gobierno actual está destinada a personas en concreto. El programa Sembrando Vida, que otorga 5 000 pesos mensuales a los campesinos y campesinas, produjo fracturas dentro del movimiento zapatista y deserciones. Esa ayuda no combate la pobreza, ni ataca el problema de raíz ni mucho menos de manera estructural. Es un paliativo.

Las y los zapatistas no matan, no secuestran, no ponen bombas, sino que organizan fiestas, partidos de futbol, marchas y encuentros internacionales con marimba y tamales. Tienen una motivación y un reconocimiento internacional que les ayuda a seguir adelante. La vida cotidiana es muy dura, así como su resistencia. Sinceramente no sé qué van a hacer ante el crimen organizado. Es una cuestión de vida o muerte, no solo para ellos y ellas, sino para toda la población.

Marta Durán de Huerta es decana periodista y una de las primeras personas en entrevistar al subcomandante Marcos en 1994

4. 30 AÑOS DE ZAPATISMO POR LA HUMANIDAD, CONTRA EL NEOLIBERALISMO

EZLN: 30 años en brega por la emancipación

Arturo Anguiano

■ La insólita insurrección indígena en México, dirigida por desconocidos que se hicieron llamar Ejército Zapatista de Liberación Nacional (EZLN), en el amanecer de 1994, adelantó de manera inesperada el cambio de siglo (o milenio), anunciando nuevos aires, ideas y luchas que de golpe recrearon a una izquierda que se había eclipsado con la caída del muro de Berlín en 1989, así como por el derrumbe del llamado socialismo real personalizado en la Unión Soviética y el sistema de democracias populares que se armó después de la Segunda Guerra Mundial.

Lo que en realidad era el fin de la usurpación del socialismo y el marxismo que siguió a la desnaturalización por el estalinismo de la Rusia soviética emergida de la Revolución de 1917, devino en la deriva de los numerosos núcleos y corrientes de las izquierdas que -entonces en crisis de identidad- se acomodaron en su mayoría a los nuevos tiempos, aceptando al capitalismo neoliberal como una fatalidad. Ya sin las trabas del bloque burocrático pretendidamente socialista que, en descomposición, arrancará la carrera hacia el capitalismo salvaje, las grandes empresas mundiales se expandieron por el Planeta todo, alcanzando al fin una efectiva *mundialización* del mercado y la producción que pareció irrefrenable. Por todas partes, la socialdemocracia (que todavía se consideraba izquierda reformadora) refrendó su papel de mejor administrador de las economías capitalistas de sus países y cayó en una generalizada crisis de representación de los llamados regímenes democráticos. En América Latina, los desarrollistas se miraron en el espejo de Pinochet y devinieron neoliberales. Las izquierdas de signos radicales prevalecieron, muchas veces se transfiguraron, pero sin duda se debilitaron significativamente, sobre todo, las organizaciones de mayor tradición y más persistentes. Y tardarán en encontrar las vías para rehacerse en el espacio que perdían.

En México, la izquierda inició su crisis en 1988, antes incluso de la caída del muro de Berlín, con el resurgimiento del cardenismo (ahora bajo la tutela de Cuauhtémoc Cárdenas, hijo del expresidente Lázaro Cárdenas). El movimiento estudiantil-popular de 1968 había anunciado el agotamiento del régimen despótico construido como salida contrarrevolucionaria de la mistificada Revolución de 1910-1920. Siguieron más de dos decenios de crisis económica y viraje neoliberal, donde brotaron procesos de recomposición, reagrupamiento y reorganización de los movimientos sociales y de las distintas izquierdas, en medio de la inestabilidad político-social devenida crisis estatal y luego descomposición de la hasta entonces todavía llamada *Revolución hecha gobierno*, lanzada a un ocaso interminable. Se abrió un auténtico proceso de *transición política de carácter histórico*, un verdadero cambio de época que, contradictoriamente, solo desembocó en la disolución de la mayoría de las corrientes de izquierda mexicana en el proyecto nacional-popular en que cristalizaron la candidatura presidencial cardenista y el movimiento contra el fraude electoral que impuso a Carlos Salinas de Gortari. El Sol amarillo de Cuauhtémoc se sobrepuso, como en un eclipse, a las variadas tonalidades de rojo de la izquierda socialista, para luego simplemente subsumirse ésta en el nacionalismo revolucionario recompuesto que al inicio se concentra en el Partido de la Revolución Democrática (PRD). La abjuración de los programas y teorías de un marxismo diverso por parte de los nuevos perredistas desemboca en la generalización del pragmatismo que va diluyendo por completo las antiguas identidades de izquierda, con el extravío de las perspectivas teóricas articuladas por proyectos de emancipación de los de abajo.

En efecto, en los ciclos de lucha social y política, fue todo un cambio de quienes habían surgido y se habían formado bajo los aires tempestuosos del 68 desde una visión crítica al poder despótico y bajo la exigencia de libertades democráticas entonces inexistentes. A pesar de que la disidencia de Cuauhtémoc Cárdenas y su ruptura con el PRI-gobierno en 1987 fueron un avance sin igual en la inconformidad y disposición de movilización de capas muy amplias y diversas de la sociedad mexicana, de manera paradójica representó una *contrarrevolución cultural* contra la estela crítica y rebelde del 68. Abandono de posiciones teóricas, pérdida de sensibilidades críticas, recuperación de mitos ideológicos e históricos de lo que José Revueltas denominó la *historia alienada*, por antiguos marxistas reconvertidos al cardenismo de ocasión; generalización arrasadora del clientelismo, la *realpolitik* y la deriva hacia los intereses privados y la voracidad mercantil que impregna todo. En suma, la fascinación de sentirse, *ahora sí*, en la palestra, en el ahora de la lucha del poder y por el dinero, candidatos a administradores de un orden social en extremo desigual y opresivo, inhumano, sin opciones de fondo. La fatalidad capitalista y el neoliberalismo ineludible asumidos como único horizonte. Eso que en el PRD en auge denominaron la *izquierda moderna*, la izquierda fuera de las geometrías políticas pretendidamente desfasadas y que luego, simplemente, se

La fatalidad capitalista y el neoliberalismo, eso que en el PRD en auge denominaron la izquierda moderna

mimetiza con los otros partidos, hasta hacerlos a todos semejantes, asimilados a la cultura política autoritaria y corrupta del régimen priista.

En México, todo se volvió una simple mascarada, si bien lastrada por asesinatos, desapariciones forzadas, represiones y descomposiciones de toda suerte. La pretendida transición democrática -como se insistió en llamar la recomposición política en ciernes- solo sirvió a las y los intelectuales y académicos, que de nuevo volvieron a encontrar la posibilidad de desarrollarse y prosperar bajo la sombra generosa del Estado. Recomposiciones políticas sin cambios de fondo, privilegios monopólicos a partidos controlados verticalmente (verdaderas franquicias mercantiles), que generaron una nueva clase política ampliada y un régimen político con instituciones estatales que siguieron siendo frágiles por la concentración del poder presidencial que comenzaba a desdibujarse, sin lograr instaurar un auténtico Estado de derecho en el país (México formado en la semilegalidad o la legalidad a modo), pero que dieron forma a una suerte de *democracia oligárquica*, en extremo rentable para sus socios exclusivos (con el financiamiento público a manos llenas) y muy onerosa para una sociedad de por sí en condiciones de supervivencia.

Los vientos del sur presagian la tormenta

La revuelta armada de los pueblos indios acontece en el momento en que se consagraba al presidente Carlos Salinas de Gortari como el modernizador que logra enganchar a México con el primer mundo mediante el Tratado de Libre Comercio de América del Norte (TLCAN), firmado con Estados Unidos y Canadá, que ese primero de enero entraba en funciones. Había asimilado o anulado a las oposiciones, consolidado la reestructuración neoliberal de la economía y desprovisto al Estado de sus capacidades productivas y de regulación, con el desmontaje del Estado interventor devenido asistencialista gracias al remate de los bienes públicos, y dejaba lista una sucesión presidencial que le garantizaba nuevos horizontes personales. Pero todo se vino abajo por el influjo de los vientos huracanados que del suroriental estado de Chiapas se expandieron por todo México y alcanzaron el mundo.

Todo se trastocó de la noche a la mañana, la guerra impuso su furia manifestada en la intervención masiva del Ejército y bombardeos aéreos contra las comunidades indígenas de Chiapas, a quienes el gobierno vio como responsables, y no solo contra los miles de milicianos y milicianas zapatistas que evidentemente progresaron en silencio bajo la complicidad colectiva de aquellas. Pero como durante los sismos de 1985 y las elecciones de 1988, la irrupción de una sociedad muy diversificada que todavía no lograba ser realmente ciudadana, impuso al gobierno el cese el fuego y en adelante abrigó y acompañó a las y los rebeldes -si bien en forma intermitente- en el trance y la trama inacabables que desde entonces se desencadenan. En forma intensa en los primeros años y luego de manera recurrente, al ritmo de silencios ensordecedores e iniciativas siempre ingeniosas de las y los nuevos zapatistas, México vive a la hora del EZLN y de los pueblos originarios que poco a poco irán imponiendo sus dolores y necesidades ("¿De qué nos van a perdonar?"), pero igualmente su creatividad y su pensamiento, *sus modos*. A pesar de los esfuerzos gubernamentales por restringir regionalmente el conflicto, las y los zapatistas lograron de inmediato proyectar e imponer su dimensión nacional e incluso sus alcances internacionales. Los modos zapatistas interpelan a todas y todos, desde muy temprano las negociaciones de paz con el gobierno se transforman en diálogos con cada vez mayores sectores de una sociedad civil que van cobrando forma y vida. Sus iniciativas interrogan y movilizan, ponen a actuar incluso a sus adversarios, todavía no repudiados, que en el orden estatal ensayan reformas y actitudes que pretenden apaciguar al país conmovido, como la reforma política emergente de Salinas y su acuerdo con los candidatos presidenciales en campaña; luego, la actitud errática y la reforma electoral *definitiva* de Ernesto Zedillo Ponce de León en 1996 y, más tarde, el fiasco de la apertura de Vicente Fox Quesada y su supuesta disposición a solucionar el conflicto en Chiapas, retomando los Acuerdos de San Andrés Larráinzar. Los Acuerdos de San Andrés, firmados el 16 de febrero de 1996 entre el gobierno y el EZLN, fueron enseguida repudiados por un presidente sin autoridad, siempre a la deriva. Y no faltaron quienes, arriba, consideraron la violencia que significó la insurrección zapatista como propiciadora de los ajustes de cuentas (asesinatos de Luis Donaldo Colosio Murrieta y Francisco Ruiz Massieu, candidato presidencial y secretario general del PRI) en un poder desquiciado y a la defensiva.

Aparición del arcoíris

Pero lo que a mí me interesa destacar ahora es la manera como las iniciativas recurrentes del EZLN estimulan la sensibilidad crítica y ciertas formas de organización, acción común e intercambio entre núcleos cada vez más amplios (si bien inestables muchos de ellos) de la sociedad: desde los cordones de vigilancia durante las pláticas de la Catedral de San Cristóbal de Las Casas y las negociaciones de San Andrés, hasta las caravanas nacionales y extranjeras a las tierras rebeldes, la irrupción masiva en la Selva Lacandona por la Convención Nacional Democrática en Guadalupe Tepeyac, todas las reuniones en los distintos Aguascalientes y luego Caracoles y las consultas nacionales que movilizan a toda suerte de organismos ciudadanos y sociales, así como la construcción y apoyo de los municipios autónomos y las Juntas de Buen Gobierno. Todavía más: la Marcha del Color de la Tierra que, luego de hacer un recorrido en forma de caracol por doce estados de la República, arribó a la Ciudad de México para convencer al Congreso de la Unión de la necesidad constitucional de aprobar la *Ley sobre derechos y cultura indígenas* elaborada por la Comisión de Concordia y Pacificación (Cocopa), e igualmente la otra campaña, que durante 2006 y 2007 encaminó por todo el país al Subcomandante Insurgente Marcos y a numerosos comandantes y comandantas, poniendo en movimiento a pueblos indios de todo México y a numerosos miembros de organizaciones, colectivos, pueblos, ciudades que fueron articulando un proyecto político anticapitalista claramente alternativo. En fin, la iniciativa de la candidatura presidencial de María de Jesús Patricio, Marichuy, como vocera de los pueblos originarios, para que interviniera en las elecciones nacionales de 2018, alentó participaciones por todo México que, sin embargo, no pudieron cristalizar por las trabas legales que resguardan el monopolio de los partidos en los cargos de representación constitucional.

Pueblos indios de todo México y numerosos miembros de organizaciones, colectivos, fueron articulando un proyecto político anticapitalista

Muchas de las iniciativas zapatistas no cristalizan, sobre todo los primeros años, pues implicaban formas organizativas y de acción en las cuales el EZLN no podía involucrarse directamente debido al cerco en los territorios rebeldes, pero, sobre todo, por su carácter de organización político militar *sui géneris* que hacía recaer las responsabilidades en otros y otras, que generalmente provenían de antiguas organizaciones o corrientes de izquierda con los lastres sectarios y dogmáticos que todavía persistían en muchos casos y circunstancias. La Marcha del Color de la Tierra y la otra campaña fueron distintas, pues ahí las y los zapatistas actuaron como responsables directos y articularon las distintas formas de organización y actividades requeridas. Al final, la otra campaña quedó un tanto en el aire por las amenazas que obligaron a la comandancia zapatista a suspender los recorridos y reconcentrarse en su territorio. *La Sexta* no reapareció hasta después del *13 Batkun* maya (21 de diciembre de 2012) anunciado con la irrupción de más de 40 000 zapatistas que en silencio, en perfecta disciplina y con el puño en alto, se movilizaron en cinco ciudades de Chiapas, causando el asombro y la admiración generalizada en un país en el que se especulaba sobre su ausencia y debilitamiento.

Según los propios zapatistas, la iniciativa de construir en 1996 el Congreso Nacional Indígena (CNI) ha sido su más valiosa y duradera contribución, pues se convirtió en el eje articulador de un movimiento indígena, entonces inexistente, que no ha dejado de reforzarse involucrando a la mayoría de los pueblos originarios del país y que en 2017 pudo dar vida al Consejo Indígena de Gobierno (CIG), como parte de la iniciativa dirigida a las elecciones presidenciales de 2018.

Muchas de las iniciativas y acciones políticas del EZLN fortalecieron su encuentro y la interacción con la sociedad mexicana e innumerables núcleos militantes o activistas en numerosos países, especialmente de América y Europa, aunque no solo. Las luchas altermundistas y las oleadas de personas indignadas que fueron emergiendo por todos lados, en el Norte como en el Sur, comenzaron, curiosamente, en la Selva Lacandona. El comportamiento político y la palabra de las y los zapatistas, en particular del Subcomandante Insurgente Marcos (quien muere y renace como Galeano en mayo de 2014), fueron modificando los trazos del perfil de una organización completamente singular que, de inicio, se mostró como un ejército rebelde, enraizado en comunidades y pueblos originarios que no dejaron de transformarlo durante sus diez años de construcción, y que ahora estaba abierto a una sociedad (a las "sociedades civiles", como gusta decir) que tampoco deja de influirlo. Un ejército rebelde que trata de cambiar su circunstancia, asegurar la paz con justicia y dignidad, para poder entregarse a un proyecto político-social que le permita contribuir a cambiar el mundo, defender la vida amenazada por un capitalismo que en su ceguera y voracidad tiende a devastar el planeta todo. Desde su entrada en escena, el EZLN desconcierta al desechar los esquemas vanguardistas y de lucha por el poder. *Mandar obedeciendo, Para todos todo, nada para nosotros* e incluso *Detrás de nosotros, estamos ustedes,* se convierten en símbolos de una concepción innovadora que aterriza y se condensa en la *Otra política,* la cual se irá perfilando a través de los diálogos, consultas, festivales, foros, semilleros (seminarios, reuniones), encuentros artísticos, experiencias colectivas de organización autogestionarias y de gobierno autónomo que se construyen e irán madurando entre las comunidades. Aunque, de entrada, todavía habla de cambio revolucionario, estructura su lucha en torno al eje libertad, democracia y justicia, planteando la necesidad de una verdadera transición democrática; sus iniciativas llevan precisamente a convocar y activar, a organizar a núcleos (o redes) cada vez más extensos de la sociedad para que participen con las más variadas formas de organización y de lucha en un proceso que hoy diríamos debe ser plural, extremadamente diversificado, para asegurar la transformación del país. Sin que el EZLN ni nadie se plantee como vanguardia, sino como experiencias de lucha muy propias que convergen en objetivos dentro de un complejo proceso emancipador. La lucha por los derechos de los pueblos originarios y por el reconocimiento de su cultura, de su autonomía y autogobierno forma parte de ese proceso de transición a la democracia urgente en el país. De ahí que las iniciativas y prácticas de las y los zapatistas se concentran, se sintetizan, en la Marcha del Color de la Tierra y la brega por la reforma constitucional que incluya la propuesta de la Cocopa. De ahí también que en todo ese período se dirijan al conjunto de la sociedad e igualmente a los partidos políticos, negociando obviamente con el Estado.

Repliegue creador, silencio fragoroso

Después de la traición de todos los partidos y de los tres poderes estatales en 2001, con la contrarreforma indígena aprobada en el Congreso de la Unión en contradicción con los millones de personas que validaron los Acuerdos de San Andrés en las consultas y durante el recorrido zapatista de la también Marcha de la Dignidad Indígena hacia la Ciudad de México de febrero-marzo de ese año, se produce un repliegue creador de los zapatistas, quienes pondrán en práctica los derechos negados, construyendo en su territorio los Caracoles y las Juntas de Buen Gobierno. El asedio del Estado y los partidos estatales, incluyendo al PRD y luego a Morena, no dejará de persistir y renovarse como una guerra de baja intensidad, cualesquiera sea el gobierno o los personajes que se sucedan en los gobiernos, nacional, como estatal. Frente a una clase política que en conjunto entra en descomposición, el EZLN pasa a la ofensiva con el lanzamiento de la *Sexta Declaración de la Selva Lacandona* (junio 2005), donde plantea "construir desde abajo y abajo una alternativa a la destrucción neoliberal, una alternativa de izquierda para México", la que igualmente se va a impulsar por todo el Planeta. La Sexta Declaración representa un cambio cualitativo donde el EZLN hace el balance de su trayectoria de lucha, reactualiza su modo de mirar al mundo y al país, convoca a la sociedad de abajo (trabajadores y trabajadoras del campo y la ciudad, las personas oprimidas, las otras que son diferentes) a intervenir directamente en los asuntos que competen a todos, todas, para luchar contra el orden capitalista conservador y dar curso a otra forma de hacer y vivir la política. La lucha indígena, así, solamente podía avanzar, dar un nuevo paso, uniendo sus esfuerzos con la sociedad de abajo. Enseguida se convoca a todas las organizaciones políticas de izquierda no oficiales (no legalizadas) y a toda suerte de organizaciones sociales, colectivos de jóvenes y mujeres, al sinnúmero de diferentes, las y los oprimidos, organizados o no, para preparar la otra campaña, con la cual arrancan el proceso en busca de construir una alternativa anticapitalista y claramente de izquierda.

Ese proyecto se va decantando de diversas formas, superando o dando por canceladas iniciativas político-organizativas que fueron planteándose e incluso avanzando con diversos o nulos resultados, tales como Convención Nacional Democrática, Comités Civiles del Diálogo, Movimiento para la Liberación Nacional propuesto a Cuauhtémoc Cárdenas a fin de articular la corriente cardenista radical y el zapatismo, Frente Zapatista de Liberación Nacional, el auto-organizado Movimiento Insumiso Zapatista, en fin, distintos ensayos dirigidos a agrupar y organizar políticamente a las nadies de abajo despreciadas y oprimidas por la oligarquía estatal y la financiera.

El EZLN se densifica de esta forma, planteándose abiertamente como un proyecto de izquierda radical, de abajo, haciendo el balance de un proceso que desde su irrupción en la madrugada del Año Nuevo de 1994 estremeció al país todo, pero primero que nada recuperó el proyecto de izquierda entendido en tanto asedio de la utopía y persecución de la emancipación, el cual se había extraviado desde el surgimiento del PRD.

La pesadilla persistente y el rescate de la izquierda

La llamada insurrección ciudadana que se gestó durante la campaña electoral de 1988 y de la que emergió el partido de Cárdenas –que por un tiempo fue la oposición más intransigente al régimen autoritario–, luego la efectiva rebelión indígena de 1994, así como las masivas irrupciones en las urnas de millones de mexicanos y mexicanas contra el abuso de poder, la corrupción y la democracia a medias en la vuelta del siglo y en el 2018 (luego del *regreso* del PRI), fueron sin duda momentos relevantes y significativos. Evidenciaron la recurrencia del hartazgo de muchas capas sociales sobre un orden social y político que no logra transformarse y que a pesar de los repetidos anuncios de transformación del régimen (gobierno del cambio, régimen posliberal, 4T), las cosas y los procesos persisten casi en los mismos términos y el país pasa de la crisis económica al estancamiento, del autoritarismo y el monopolio del poder del PRI-gobierno al poder iluminado del presidencialismo revivido encarnado por un inusitado caudillo, bajo la figura del predicador como en tiempos de Luis Echeverría, pero con atuendo de pastor religioso. Se mantiene en la zozobra el México oprimido y en desigualdad extrema (los más bajos salarios y la mayor concentración de riqueza de todo el Continente, que apenas comienzan a paliarse), con la precarización generalizada del trabajo y el masivo desempleo revestido como economía informal (60 por ciento de la PEA), con despojos múltiples (territorios, bienes nacionales y culturales, etc.) que no cesan de prosperar bajo el patrocinio o la tolerancia de gobiernos que siguen siendo los mismos, aunque cambien colores partidarios y personajes. Peor todavía, un país militarizado como nunca por las ocurrencias anticonstitucionales del presidente, Andrés López Obrador, que desnaturalizan a las fuerzas armadas con tareas que les son ajenas y las distraen de sus funciones y donde el Estado laico se diluye en rezos religiosos pronunciados en Palacio Nacional.

En realidad, el regreso del PRI en 2012 demostró su subsistencia no obstante el repudio generalizado que lo echó fuera del gobierno luego de más de 70 años de dominio absoluto, pues la cultura política nacional (antidemocrática, clientelar, patrimonialista) arraigada durante su largo dominio se reprodujo por (y determinó a) todos los actores políticos institucionales. Reveló la descomposición generalizada con la trama perversa de un Pacto por México que arrancó con el aval de los principales partidos a fin de imponer en forma drástica las reformas estructurales, requeridas por la estrategia neoliberal siempre prevaleciente. Ese pacto de complicidad e impunidad contra la mayoría de la sociedad mexicana anunció el fin de las oposiciones institucionales y transfiguró, en especial al PAN y al PRD (que en diversos momentos habían sido importantes oposiciones efectivas al priismo), en una suerte de partidos *paleros*, falsa oposición pragmática, que a partir de entonces se precipitan en la declinación y quiebra. En especial, el PRD, estremecido por disputas de camarillas irreconciliables por avidez de los intereses particulares y lealtades a modo, acelera su proceso de degradación y prácticamente se despuebla por el surgimiento de Morena, que venía siendo organizado por su líder único, Andrés Manuel López Obrador (AMLO), en particular desde su segundo fracaso como candidato presidencial en 2012.

Durante su gobierno, iniciado formalmente en diciembre de 2018, López Obrador se sostiene, por un lado, en acuerdos inconsistentes con quienes había atacado como mafia del poder (los principales empresarios del país, que devienen su consejo asesor), a quienes beneficia preferentemente (salvo excepciones convenientes) y, en general, con los grandes capitalistas mundializados; y, por otro lado, en políticas clientelares de carácter asistencialista, que tratan de desmantelar todo lo socialmente organizado (autónomo o no) a fin de imponer el control absoluto, la supeditación directa, individualizada, de los de abajo al poder presidencial. La austeridad republicana, un tanto demagógica, debilita en forma absurda la capacidad de acción del Estado que, por lo demás, renuncia a una fiscalidad equitativa, por lo que la proclamada centralidad del Estado queda en el aire. El Estado enflaquece todavía más, hasta volverse incompetente e inoperante, por lo que López Obrador reniega del antiguo estatismo nacionalista y potencia la estrategia neoliberal, que no logra enmascarar con su publicidad abusiva cargada de mentiras. Tampoco sigue en la óptica del nacionalismo, por más que se aferre a dos empresas estatales (Pemex y la Comisión Federal de Electricidad) como opción de desarrollo. Más bien se desliza por la senda neocolonial, como lo muestran su extractivismo, su visión de un México maquilador, todos sus megaproyectos prioritarios destinados a beneficiar al capital mundializado en detrimento de pueblos y comunidades y, en particular, por su aval indiscriminado al Tratado Comercial entre México, Estados Unidos y Canadá (T-MEC) que asimila por completo la economía del país y su entrega escandalosa a los dictados de Estados Unidos, del imperialismo norteamericano redivivo, con Donald Trump o John Biden. La capitulación del presidente frente al Ejército, el militarismo y la militarización que no han dejado de prosperar, sin que realmente se revierta o alivie la grave situación de violencia que caracteriza a México (desprotegido como nunca), solo ha sido el colofón de una deriva autoritaria que deja en la indefensión al conjunto de la población, que queda a la intemperie.

El EZLN recupera el proyecto emancipador

Se puede hablar entonces de la izquierda que fue (la socialista de los años que siguieron al M68), la que ya no es (la que se orientó hacia las elecciones en búsqueda de espacios de poder sin alternativas y se recicla (básicamente PRD, PT e incluso Morena inicial), esto es, una izquierda desnaturalizada como opción. Pero también persiste otra izquierda –que no oculta su perfil rebelde ni reniega de sus tradiciones– que es precisamente la que ha sido alentada por el EZLN y que trata de articularse. A contracorriente y en condiciones del todo adversas, ensaya de mil maneras reafirmarse y potenciarse como una nueva izquierda sostenida en solidaridades y fraternidades que trascienden lo sectorial, lo local, lo genérico y hasta lo nacional (islas que se convierten en archipiélagos, bolsas de resistencia que tejen redes abarcadoras) para devenir mundiales. Es, ya, una izquierda de abajo (múltiple, diversa) que continúa bregando por resistir, no solamente al neoliberalismo (que no es sino una estrategia capitalista extrema), combatiendo la explotación, el despojo, la destrucción del medio ambiente, las discriminaciones, la criminalidad, toda suerte de opresión y muros varios levantados contra los desvalidos; procura, igualmente, construir en los hechos alternativas de fondo al capitalismo y al régimen autoritario de carácter oligárquico que prevalecen.

Como señalamos, en México esa nueva izquierda comienza a recomponerse y reorganizarse bajo el influjo de la rebelión zapatista impulsada por el EZLN en Chiapas. Proceso contradictorio, desigual y discontinuo que queda sujeto a las iniciativas casi siempre inesperadas e imaginativas que brotan de la Selva

Lacandona, que encuentran eco no sólo en antiguos colectivos militantes, sino también en amplias capas sociales agraviadas (jóvenes y viejos, hombres y mujeres, trabajadores, toda suerte de personas discriminadas y excluidas), cuyas inconformidades la mayoría de las veces se disuelven o pierden en el aislamiento y la soledad. Muchas proposiciones zapatistas tratan -y logran en ocasiones- hacer visibles las resistencias, los enojos, las voluntades de lucha, la hartazón por el estado de cosas en ausencia de diálogo, de comunicación, pero igualmente van comunicando, compartiendo, articulando, tejiendo redes solidarias a través de encuentros, manifestaciones, caravanas, consultas y campañas que van formulando y forjando en los hechos otra forma de concebir la política, la participación, la democracia y en general la vida misma.

Lo más significativo es que los y las zapatistas tratan de redefinir en los hechos el concepto mismo de izquierda, intentan darle densidad teórica, con una teoría crítica que se desprende de la práctica, de la experiencia social y socializada, de una práctica que es de por sí teórica. Por eso, promueven desde la Selva Lacandona la recuperación y progreso del pensamiento crítico, central para la organización de las instancias, redes y mecanismos colectivos de resistencia, pero igualmente para conducir y orientar, para hacer posible la movilización pensada, la resistencia organizada. Esto es, la búsqueda de nuevas condiciones de existencia, donde poner en práctica, al fin, relaciones sociales regidas por la igualdad, formas de organización política y autogobierno no jerárquicas ni opresivas, sino igualitarias, vigiladas, participativas y realmente democráticas, con rendición de cuentas y auténtica revocabilidad efectiva, en el momento y bajo los modos que decida la propia colectividad.

Por ello, la izquierda de abajo, la izquierda muy otra, para utilizar expresiones consagradas por el zapatismo, busca luchar por la vida contra la muerte que representa el capitalismo. No puede ser sino *anticapitalista*, su accionar comienza agrietando el muro erigido por los poderosos, pero requiere centrarse en el propósito de *destruir* realmente el capitalismo y las condiciones de explotación y opresión que reproducen un orden jerárquico extremadamente desigual; no trata de asaltar el poder, sino *rehacerlo desde abajo,* desde la propia sociedad ahora excluida y dominada al mismo tiempo, bajo su creatividad e imaginación por todos lados diversa, pero semejante. El régimen oligárquico simula la representación ciudadana que, en verdad, en México solo existe desde hace muy poco y limitadamente, todavía con derechos truncos; así pretende legitimarse, lograr un consenso social que no obtiene a pesar de su clientelismo y todo su poder. La *otra política* no puede más que ser participativa, de abajo y por debajo, no puede apoyarse

La *otra política* no puede más que ser participativa, de abajo y por debajo, no puede apoyarse sino en la auto-actividad de toda la gente

sino en la auto-actividad de toda la gente, en la autoorganización múltiple de la sociedad, en el autogobierno donde sea posible y en la autogestión para reproducir las condiciones materiales de la vida. Solamente se puede realizar con justicia, libertad y una democracia verdadera, sin suplantaciones ni representaciones postizas; tal vez combinando la democracia directa y la democracia representativa sin simulaciones. No puede someterse a personajes o poderes de ningún tipo, que siempre imponen jerarquías, supeditaciones y descansan en la mentira y la reproducción de las desigualdades. Tiene que sostenerse en las *fuerzas sociales propias*, ya sea en la comunidad, el pueblo, el barrio, la calle, el centro de trabajo, la escuela, donde sea que pueda reproducirse el colectivo, la *acción común* en aras de objetivos sociales acordados entre todas y todos, no tramados desde arriba.

En México y en el mundo, en la época que todavía puede considerarse de hegemonía del neoliberalismo, de predominio de los intereses oligárquicos del capitalismo extremista mundializado, únicamente se pueden construir proyectos alternativos si van al fondo en defensa del planeta y la humanidad, desde una perspectiva de izquierda autogestionaria, de abajo. Por eso, la izquierda hoy no es solo nacional, sino internacional, pues su ámbito de acción y su perspectiva involucra al Planeta todo. Es la práctica y la visión que ha desarrollado el zapatismo desde los primeros días del 94 y sus insólitos comunicados, preparando o insinuando un nuevo internacionalismo de las y los oprimidos: "el territorio de nuestro accionar -escriben en 2013- está ahora claramente delimitado: el planeta llamado *Tierra*, ubicado en el llamado Sistema Solar". Como nunca, la izquierda no puede ser más que aquella que combata las condiciones de explotación, del despojo y del dominio capitalista, es decir, solamente puede ser *izquierda* la que bregue en forma real contra la lógica del capitalismo y sus fundamentos, que devastan y amenazan con la guerra y la destrucción del mundo, no atacando nada más sus consecuencias perniciosas ni buscando supuestas reformas que le cambien el rostro inhumano. "La supervivencia de la humanidad depende de la destrucción del capitalismo", advierte el EZLN.

En 2021 el EZLN rompió de nuevo el cerco -ahora impuesto por AMLO, con fuerzas militares, programas asistenciales (en particular de carácter caritativo) e incluso con el patrocinio de grupos paramilitares reconstituidos y la complicidad de cárteles del narcotráfico, al que añade un muro de mentiras y calumnias-, zarpando desde Isla Mujeres el 2 de mayo en el viejo navío La Montaña, para realizar una travesía por el Atlántico que duró cerca de 50 días, dirigida a invadir a la Europa insumisa en plena pandemia de la covid. Su propósito cumplido durante intensos días fue reanudar los intercambios de dolores, pero sobre todo de experiencias, alentar las resistencias y la organización de alternativas de vida, encontrando en los distintos países una solidaridad fraternal de innumerables y muy variados colectivos, organizaciones e individuos que comparten la necesidad de forjar un nuevo internacionalismo de las y los oprimidos frente la mundialización del capitalismo extremista que expande la muerte.

La situación en México y en el mundo es difícil, pues no dejan de prosperar las opciones de derecha y las variantes disfrazadas del neoliberalismo, como la de López Obrador. La confusión y fragmentación de las resistencias que tales circunstancias conllevan, sin duda retrasan las posibilidades de recomposición y fortalecimiento de las luchas anticapitalistas y por la defensa de la Humanidad. Pero éstas no dejan de prosperar dondequiera, tejiendo redes de resistencia e incluso construyendo formas de autogobierno y autonomía que prefiguran actuales caminos de emancipación en vistas a construir *un mundo donde quepan muchos mundos*.

Durante 30 años, el Ejército Zapatista de Liberación Nacional se ha transfigurado y ha transformado en forma significativa y duradera muchos aspectos de la realidad mexicana y alentado resistencias donde sea que se sufren la explotación, el despojo, la opresión y el desprecio. En ese camino queda claro que, en nuestro tiempo, no puede existir más izquierda que la izquierda que actualice la utopía, recobre el proyecto de auto-emancipación de las y los oprimidos, precisamente de quienes tienen que vender su fuerza de trabajo para vivir, de todas las y los excluidos, discriminados, perseguidos y sometidos por el capitalismo y sus variadas formas de dominio.

Arturo Anguiano es profesor-investigador de la Universidad Autónoma Metropolitana (México). Sus libros más recientes: *Transición bloqueada. México 1970-2018*, *Rehacer el mundo. Abajo y a la izquierda* y *Resistir la pesadilla. La izquierda en México entre dos siglos 1958-2018*. Formó parte del comité editorial de la revista *Rebeldía*, México, 2002-2011.

5. 30 AÑOS DE ZAPATISMO POR LA HUMANIDAD, CONTRA EL NEOLIBERALISMO

EZLN: 30 años de rabia digna.

Raúl Romero

¿Es la rabia el puente entre el dolor y la rebeldía?
¿En qué momento la angustia, la desesperación,
la impotencia se convierten en rabia?
Capitán Insurgente Marcos
México, diciembre del 2023.

■ El 1 de enero de 2024 se cumplieron 30 años de que el Ejército Zapatista de Liberación Nacional (EZLN) declaró la guerra al Estado mexicano. Aquel día guarda un lugar especial en la memoria de miles de personas en México y el mundo. Se trata de un suceso histórico que cerró el siglo XX e inauguró el XXI. El levantamiento zapatista es parte del conjunto de luchas de los y las de abajo que abrieron un ciclo de revueltas de nuevo tipo.

I

La rebelión zapatista surgió en un momento en que las clases dominantes inundaban al mundo con sus narrativas del *fin de la historia* e intentaban imponer la idea de que *no hay alternativa* más que el capitalismo neoliberal y su proyecto civilizatorio. La caída del bloque soviético alimentó aún más el desencanto de quienes todavía se agarraban a esa alternativa que hace tiempo había dejado de serlo.

En América Latina la historia era otra. En la década de 1980, un proceso de movilización antineoliberal se gestaba en la región. Organizaciones populares, campesinas e indígenas realizaban importantes manifestaciones contra las oleadas privatizadoras, el despojo de los bienes comunes y la eliminación de derechos sociales. La era de las dictaduras y los terrorismos de Estado, con su salvaje represión y sus miles de muertos y personas desaparecidas, no logró destruir la conciencia rebelde de pueblos y comunidades. Se trató de una rebelión forjada desde abajo contra la recolonización global del capital, una recolonización emprendida por Estados y corporaciones.

Ese proceso de insurrección popular antineoliberal tomó nuevas fuerzas hacia la década de los 90, especialmente en 1992. Aquel año, los pueblos originarios y afrodescendientes emergieron con toda su potencia y experiencia de resistencia a siglos de dominación colonial, imperialista y también al colonialismo interno de los Estados-Nación. Siglos de lucha los resguardaban, pero esta vez aparecían como sujeto sociopolítico en todo el continente. Las celebraciones de los 500 años del *descubrimiento* y *conquista* de América fueron opacadas por un gigantesco movimiento que conmemoraba 500 años de resistencia negra, indígena y popular. En Ecuador, en Bolivia, en Guatemala y en muchos países de América Latina, los pueblos salieron a derribar mitos y estatuas, y a decirle al mundo entero: *existimos porque resistimos*. En México, en el estado de Chiapas, los pueblos que venían organizándose clandestinamente desde 1983, también participarían de aquella oleada de movilizaciones. Una profunda grieta en el sistema comenzaba a hacerse visible.

Si la aparición pública del EZLN en 1994 vino a darle al movimiento indígena en México una proyección nacional, con espacios de encuentro, diálogo y acuerdos, y a colocar sus demandas en la agenda pública del país, a las izquierdas internacionalistas el zapatismo les ayudó a romper con el relato dominante y a darse nuevos sentidos. Frente al *No hay alternativa* que Margaret Thatcher y los neoliberales repetían como mantra, miles de personas en todo el mundo opusieron el *Otro mundo es posible*. En Seattle, Génova, Porto Alegre, Madrid y en tantos lugares más del planeta, el altermundismo encontró en el zapatismo un espejo en cual mirarse y mirar más allá. El movimiento antineoliberal que se expandió por todo el mundo, y que tenía una composición multisectorial y diversa ideológicamente, encontró también en el EZLN un lenguaje común para nombrar la esperanza.

En Seattle, Génova, Porto Alegre, Madrid el altermundismo encontró en el zapatismo un espejo en cual mirarse y mirar más allá

El grito de *¡Ya basta!* que lanzaron los pueblos mayas zapatistas fue un grito que se asumió como propio en México y parte del mundo. Y ese grito tuvo importantes repercusiones. Una forma de cambio cultural empezaba a gestarse. La rebelión zapatista fue llevada a las letras, a la música, al cine, a la fotografía, a la danza, al teatro... Manu Chao, Joaquín Sabina, Danielle Miterrand, Oliver Stone, Eduardo Galeano, José Saramago y tantos y tantas más se volvían interlocutores de un mensaje que, en voz del zapatismo, era el mensaje de miles. Personas de muy diversas edades, profesiones y geografías acudían hasta Chiapas para intentar ayudar a parir el mundo nuevo que nacía. La semilla de una nueva cultura política, de una otra política fuertemente entrelazada con la ética, comenzó a florecer. Una otra política nacida de la rabia ante 500 años de opresión y explotación. Y con la digna rabia llegaba también una nueva primavera. Otro mundo sí era posible.

II

Si hacia el exterior de Chiapas el eco del zapatismo ayudó a cambiar las formas de pensar, hacer y hablar en la política, sentando las bases de un cambio cultural y generacional que todavía hoy impacta y que el mismo Immanuel Wallerstein vincularía con los cambios producidos por la revolución cultural de 1968, hacia dentro, es decir en las comunidades mayas zapatistas, el cambio no solo fue cultural, sino que vendría vinculado a un cambio material. Ese cambio material y cultural en las comunidades mayas zapatistas bien podría definirse como un cambio revolucionario, en el sentido en que recupera los medios de producción –la tierra–, elimina al aparato burocrático y construye *buen gobierno* desde el mandar obedeciendo, y expulsa al aparato represivo del Estado de sus territorios y construye un pueblo-ejército, un *ejército que quiere dejar de serlo*.

Elimina al aparato burocrático y construye *buen gobierno* desde el mandar obedeciendo, y expulsa al aparato represivo del Estado

Pero las y los zapatistas, que bien conocen el peso de las palabras y que han ganado mucho de su reconocimiento por su congruencia en el pensar-decir-hacer, llaman a su proceso como uno de Resistencia y Rebeldía, una resistencia creativa que no es nada más "ponerse duro", como ha dicho el Subcomandante Insurgente Moisés, vocero del EZLN, sino también imaginar y crear soluciones frente a los problemas que cotidianamente van surgiendo en su proceso. A esa resistencia creativa, las y los zapatistas añaden una rebeldía, que es "ser bravos, bravas para igual responder o para hacer las acciones, según la que convenga, entonces hay que ser bravas y bravos para hacer las acciones o lo que necesitamos hacer" dicho también por el propio Sub Moisés. Y esa rebeldía, además de alegre, es también crítica, autocritica y solidaria; una rebeldía que entiende, entre otras cosas, lo poderoso que es bailar cumbia en la lucha contra el sistema.

Con esa Resistencia y Rebeldía, los pueblos zapatistas han construido un proyecto autónomo que tiene como base la recuperación de las tierras que antes usurpaban terratenientes, finqueros y latifundistas. Ese proceso lo ha contado a detalle el *Sub* Moisés en sus intervenciones sobre *Economía política desde las comunidades I y II*:

> "Una de las bases de lo que es nuestra resistencia económica para nosotros, nosotras, las zapatistas, es la madre tierra. No tenemos esas casas que da el mal gobierno, bloques y todo eso, pero sí tenemos salud, tenemos educación, estamos en eso que son los pueblos los que mandan y los gobiernos obedecen".

Las tierras recuperadas se convirtieron en la base material para la construcción de la autonomía. Con el trabajo familiar y colectivo de las tierras se garantizó buena alimentación y vivienda. Se construyeron escuelas y clínicas de salud. Se echaron a andar proyectos productivos. Se implementaron sistemas de seguridad y justicia, así como estructuras de autogobierno. Se fortalecieron las radios comunitarias y se exploró en nuevos medios de comunicación. Se crearon bancos alternativos, cooperativas de transporte, de ganado, de bordado... Todo sin recibir un solo peso de los gobiernos de México, los cuales durante estos 30 años no han parado de hacerle la guerra abierta y encubierta, con fuerzas oficiales o paramilitares, al zapatismo.

Hace 30 años, en territorio zapatista, las infancias morían de enfermedades curables por falta de medicinas. Hoy, en las comunidades zapatistas existen promotores y promotoras de salud, con casas de salud, clínicas y hospitales, donde combinan saberes tradicionales y la medicina moderna.

Hace 30 años, miles de infancias y jóvenes indígenas eran analfabetas y no tenían opciones educativas. Hoy, miles de infancias y jóvenes zapatistas acceden a las escuelas que los pueblos zapatistas han construido y a la educación que los y las promotoras les brindan.

Hace más de 30 años, las mujeres indígenas eran violadas por los caciques, hacendados y finqueros, o eran obligadas a casarse con quienes acordaban sus familias. Hoy las mujeres zapatistas son parte fundamental de la estructura organizativa. Con la Ley de Mujeres Revolucionarias, desde diciembre de 1993, quedó claro este compromiso de la lucha zapatista que hoy es realidad. Hay mujeres comandantas, subcomandantas, capitanas, mayores, pero también promotoras de salud, de educación; son autoridades comunitarias, eligen a quién amar y si quieren casarse o no, cantan rap, hip hop y, desde hace tiempo, son un referente mundial de las mujeres que luchan.

El cambio material y cultural dentro de las comunidades mayas zapatistas es un hecho innegable y contrasta con la voracidad con la que ha avanzado el capitalismo en México. En este país, donde existen más de 100 000 personas desaparecidas, ninguna desaparición ocurrió en territorio zapatista. Ninguno de los 10 feminicidios que ocurren al día en territorio mexicano, ocurrió en territorio zapatista. En territorio zapatista no hay crimen organizado, concesiones mineras o de agua, no hay tráfico de personas. En territorio zapatista, ahí donde el pueblo manda y el gobierno obedece, se cuida la vida de las personas y de la naturaleza.

III

A lo largo de 30 años, la rebelión zapatista ha sido *objeto* de numerosas investigaciones. Muchos de estos trabajos buscan analizar al zapatismo desde una diversidad de enfoques, perspectivas y abordajes políticos y teóricos difíciles de clasificar por su gran cantidad. Se trata de materiales elaborados por personas dedicadas a muy distintas profesiones y actividades: la academia, la militancia política, el periodismo. También están las investigaciones de los aparatos de inteligencia del Estado mexicano que, ya sea de forma directa o por mediaciones, ha difundido información adversa o difamatoria contra el EZLN. Esta información de origen policíaco se convirtió, desde los primeros años, en el centro de las matrices de opinión pública con la que se buscó contrarrestar la legitimidad del zapatismo; una estrategia que, con sus variaciones, ha sido reutilizada en diversas ocasiones.

Pero los pueblos zapatistas no son objeto, son sujetos que hablan, piensan, actúan, que reflexionan sobre su práctica organizativa. Así, provocan una subversión epistemológica: son sujetos que reflexionan sobre su hacer y decir. Construyen conceptos. Recuperan datos, compilan información, la analizan y plantean hipótesis. Tienen un método. Su mirada rompe con *el aquí y el ahora*, con la dictadura presentista de nuestra época. Van de lo local a lo global: ven sus comunidades, sus regiones, sus zonas, Chiapas, México, América, el Mundo. Se saben parte de algo mayor.

Su tiempo es también otro tiempo. Miran al pasado para proyectarse en el futuro. *Hablan* con sus muertos y apelan a la memoria. Imaginan lo que puede venir. Leen, escuchan, se informan y se plantean los peores escenarios. Calculan qué hacer para sobrevivir. Tienen sus telescopios y centinelas –Immanuel Wallerstein y Pablo González Casanova eran algunos de ellos y ellas–, y en ellos se apoyan para ver más allá de lo que su mirada alcanzaría.

Una fuente primordial para adentrarse a la teoría y praxis zapatista es el Archivo Histórico de la página electrónica *Enlace Zapatista*, ahí uno encontrará documentos fundamentales como las seis declaraciones de la Selva Lacandona, los Cuadernos de la Escuelita Zapatista, la palabra zapatista en el conversatorio El Pensamiento Crítico Frente a la Hidra Capitalista, la Ley Revolucionaria de Mujeres, la Declaración por la Vida, escritos sobre la guerra y la economía política.

Con esa teoría y praxis, los pueblos zapatistas nos vienen alertando desde hace tiempo sobre lo que alcanzan a ver y, también, sobre cómo van construyendo salidas: El problema de la tierra nunca fue sólo un problema de sectores campesinos y pueblos originarios. Pero hoy, el problema de la tierra y del territorio, de quienes la poseen y quienes la privatizan es un problema de la humanidad. Quienes han despojado a los pueblos de la tierra y territorios, en afán de generar ganancias al máximo, la han destruido y nos tienen en pleno colapso. Quienes hicieron de la tierra mercancía, son los mismos que hicieron de la vida una mercancía más.

El problema de la tierra y del territorio, de quienes la poseen y quienes la privatizan es un problema de la humanidad

El progreso construido bajo la idea de la domesticación de la naturaleza, de dominación, no sólo se construye bajo un supuesto de superioridad e independencia, sino bajo una idea de infinitud. Pero, decía Federico Engels hace casi 140 años, “Después de cada una de estas victorias, la naturaleza toma su venganza”. Hoy los zapatistas nos dicen: como que la madre tierra “protesta”, como que se “manifiesta” ante tanta destrucción. Esa conclusión de los pueblos, coincide con los saberes científicos más avanzados, aquellos que los señores del dinero invierten millones para negar. El cambio climático, el ecocidio, es una realidad. Los fenómenos naturales que se convierten en desastres sociales, las pandemias, los miles de especies que desaparecen, las y los migrantes climáticos y muchas otras tragedias son apenas el comienzo del colapso en ciernes.

Pero ese ecocidio no es *natural*; detrás de la destrucción de la vida está un sistema de muerte que en su lógica de maximización de las ganancias lo ha convertido todo en mercancías. Y junto al cambio climático provocado por la devastación capitalista, también están otros sistemas de dominación y explotación igual de urgentes de atender, como el patriarcado, el racismo, el crimen organizado. Sobre todos esos problemas nos alerta el zapatismo desde su teoría y su praxis.

El mundo está enfermo y hay que curarlo. Pero curarlo en serio, no con placebos. Y para ello las y los zapatistas nos hacen una advertencia: "el capitalismo no se puede humanizar", desde adentro no hay posibilidad de alternativa. Frente a eso también lanzan ahora una iniciativa audaz, novedosa, difícil de comprender todavía. El común y la no-propiedad. Una iniciativa en la que se embarcan para transitar y sobrevivir a la tormenta. La grieta que abrieron hace 30 años es hoy una puerta. Sobre ella nos seguirán hablando. Escuchemos atentos a quienes llevan tanto tiempo empeñados en defender la vida. Su voz puede ser luz entre tanta oscuridad.

Raúl Romero es profesor universitario y técnico académico
en el Instituto de Investigaciones Sociales de la UNAM

6. 30 AÑOS DE ZAPATISMO POR LA HUMANIDAD, CONTRA EL NEOLIBERALISMO

El desborde de las redes neozapatistas: treinta años globalizando la esperanza

Lola Cubells Aguilar

Recordad que la sabiduría consiste en el arte de describir, por detrás del dolor, la esperanza.
Subcomandante I. Marcos

■ Las redes de solidaridad internacional con el zapatismo han ido transformándose a lo largo de los treinta años transcurridos desde que el mundo quedara zarandeado por la aparición de una guerrilla indígena maya que hizo del pasamontañas parte de su potente iconografía. Mostraban así el racismo estructural que les había sometido a la invisibilidad, a padecer una guerra permanente desde la invasión española.

Sin duda, la figura mediática del Subcomandante Marcos sirvió, consciente o inconscientemente, para dar a conocer el movimiento e iniciar el tejido de lo que la investigadora Xochitl Leyva (1999) denominó "nuevo movimiento neozapatista". Entendiendo como tal algo que iba más allá del EZLN, conformado por una diversidad de actores, colectivos, sindicatos y ONG que empezaron a organizarse en una *red de redes*, con identidades socio-políticas diversas en el ámbito nacional e internacional, alrededor del EZLN. A lo largo de este texto me centraré en el devenir de las redes de ámbito internacional, refiriéndome a ellas como *redes neozapatistas* (Leyva, 2021).

La acción internacionalista estuvo presente desde las primeras semanas del levantamiento armado zapatista del 1 de enero de 1994, protagonizada por las manifestaciones que se produjeron en diferentes ciudades demandando el alto al fuego, ante un enfrentamiento armado que a todas luces presagiaba el riesgo de una masacre por las obvias diferencias militares entre el EZLN y el Ejército mexicano.

Logrado el fin de la guerra abierta, se intensificó la comunicación del EZLN con la sociedad civil e internacional, considerada por el movimiento indígena como su "tercer hombro" (EZLN, 2004). Fluían los comunicados firmados por el Subcomandante Marcos "desde las montañas del Sureste mexicano", publicados en una página de Internet cuya portada eran rostros de Emiliano Zapata en rojo y negro, al estilo *pop art*. Esas epístolas venían acompañadas de cuentos de *El Viejo Antonio* (un anciano indígena cuyas historias servían para transmitir la cosmovisión indígena) o las andanzas de *Don Durito de La Lacandona* (un escarabajo quijotesco empeñado en explicarnos el neoliberalismo).

Muchas imaginábamos a los y las zapatistas conectados desde la Selva Lacandona, subiendo sus textos a la red. Nada más lejos de la realidad. Hace unos años, el Subcomandante Marcos desmitificó esta creencia al revelar que esa primera web del EZLN fue creada por un joven estudiante de Texas (EZLN, 2013).

En 1996 uno de esos comunicados invitaba a la sociedad civil internacional al Primer Encuentro Intercontinental por la Humanidad y contra el Neoliberalismo, celebrado en los cinco Aguascalientes, los centros políticos creados en territorio zapatista. En este encuentro *intergaláctico* se debatió sobre política, economía, artes, identidades, mujeres, resistencia y solidaridad, entre el 27 de julio y el 3 de agosto de 1996. Personas de los cinco continentes, mayoritariamente de América y Europa, demostraron que la lucha zapatista estaba lejos de ceñirse a las fronteras mexicanas. Podemos comprobar que algunas de las propuestas que pueden leerse en las relatorías del encuentro han sido parte de los ejes vertebradores de las demandas de *los de abajo* en diferentes lugares del planeta: ampliar la democracia directa y participativa, desarrollar medios de comunicación independientes, imponer tasas a las transacciones financieras o ampliar el reconocimiento de las diversidades sexo-genéricas frente a un sistema neoliberal homogeneizador. Como si pudieran ver lo que iba a acontecer mundialmente, Marcos afirmó en su participación:

> "Crímenes y guerras se realizan para que las bolsas de los valores mundiales sean saqueadas por unos o por otros. Mientras tanto, millones de mujeres, millones de jóvenes, millones de indígenas, millones de homosexuales, millones de seres humanos de todas las razas y de todos los colores, sólo participan en los mercados financieros como devaluada moneda siempre a la baja, la moneda de su sangre produciendo ganancias" (EZLN, 1996).

El zapatismo devolvió a la izquierda europea una ética política fruto de un diálogo entre el pensamiento marxista y las epistemologías indígenas

Releer aquellos primeros textos me recuerda el certero análisis de Ángel Luis Lara, quien dijo que los pueblos zapatistas siempre han "vivido en la piel del *spoiler*", contándonos lo que iba a acontecer, explicándonos el futuro que se ha hecho presente (Lara, 2013).

Uno de los motivos por los que muchas personas diversas pudieran mirarse en el zapatismo como un espejo (en ocasiones incómodo) tenía que ver, por un lado, por la capacidad del movimiento de escapar de cualquier signo de fundamentalismo étnico; por otro, porque crearon una ética política que podría ser replicada en cualquier territorio. No plantearon un *nosotros indígena* frente a un *ellos no indígena* sino un *nosotros* (los de abajo) frente a un ellos, *los de arriba*. La democracia radical (*mandar obedeciendo*), el reconocimiento de la diversidad (*un mundo donde quepan muchos mundos*), la igualdad (*para todos, todo*) o la imperiosa necesidad de crear un mundo anticapitalista (*otro mundo es posible*), fueron resignificadas por cuerpas muy diversas.

El zapatismo devolvió a la izquierda europea una ética política fruto de un diálogo entre el pensamiento marxista y las epistemologías indígenas. En palabras de Walter Mignolo un ejemplo de "pensamiento fronterizo" resultado de la "doble traducción":

"el marxismo modificado por las lenguas y cosmologías amerindias y la epistemología amerindia modificada por el lenguaje de la cosmología marxista, en un diálogo interepistemológico que está escribiendo y representando una historia de quinientos años de opresión" (Mignolo, 2011:150).

La rebelión zapatista es considerada como la semilla del movimiento antiglobalización o altermundialista (Seoane *et al.*, 2004) dando inicio a un ciclo de contracumbres frente a las reuniones de los principales organismos del capitalismo global como Seattle (1999), Génova (2001) o Cancún (2003). De manera paralela, en 2001, nació el Foro Social Mundial, como un intento de institucionalizar y organizar este flujo de movilizaciones hasta entonces dispersa y plural, organizada en red de redes.

Colectivos de Solidaridad con la lucha zapatista nacieron en muchas ciudades europeas

Colectivos de Solidaridad con la lucha zapatista nacieron en muchas ciudades europeas. Algunos surgieron *ex novo* y otros se reinventaban desde antiguos comités de solidaridad internacionalista ya existentes con otras luchas de pueblos en resistencia como el Sáhara o Palestina. Estos grupos de personas se dedicaron a difundir la palabra zapatista, distribuir sus productos, como el café, y recaudar fondos para fortalecer el proyecto autónomo zapatista. Los más importantes en Europa los podemos ubicar en España, Francia, Alemania, Italia o Grecia. Las relaciones entre colectivos de solidaridad y el zapatismo no ha estado exentas de conflictos y diferencias que han mostrado las tensiones que siguen existiendo entre modos muy diversos de ver el mundo.

Las redes neozapatistas también participaron activamente en la defensa de los derechos humanos *desde abajo* ante la necesidad de proteger el caminar del proyecto de autonomía zapatista en un contexto definido como "guerra integral de desgaste" (Pérez-Sales, P. *et al.*, 2002). A través de las llamadas Brigadas Civiles por la Paz (BriCo) coordinadas por el Centro de Derechos Humanos Fray Bartolomé de Las Casas desde 1995, o a través de Caravanas o Comisiones Internacionales de Observación de Derechos Humanos, se mostraron experiencias alternativas para la defensa de los derechos humanos donde la sociedad civil tenía un papel activo en la documentación y denuncia pública de agresiones contra las comunidades zapatistas y otras organizaciones indígenas en resistencia.

El Síndrome de Cenicienta

La estrategia nacional e internacional del zapatismo ha ido en ocasiones de la mano. Prueba de ello fue la Marcha del Color de la Tierra en 2001, con la que perseguían una reforma constitucional que retomara, en parte, los Acuerdos de Paz, conocidos como los Acuerdos de San Andrés (1996), incumplidos por el Estado mexicano. El internacionalismo solidario estuvo presente en la caravana, con el protagonismo de los *Tute Bianche* (Monos Blancos), organización italiana inspirada en la rebeldía zapatista y encargada de la protección de la Caravana.

Tras la reforma constitucional del 2001, considerada por el EZLN y el Congreso nacional indígena (CNI) como una burla, llegó un tiempo de silencio. Dos años más tarde, en 2003 dieron a conocer el surgimiento de un nuevo nivel de gobierno regional, las Juntas de Buen Gobierno (JBG), ubicadas cada una de ellas en los llamados Caracoles, como centros político-culturales de cada región.

Podemos observar que la profundización de la organización zapatista en su propio proyecto autonómico también conllevó cambios en las relaciones con la sociedad civil nacional e internacional. Por un lado, persiguiendo eliminar intermediarios (personas no indígenas de apoyo u ONG). Los Caracoles se convirtieron en puertas abiertas y directas para el contacto con las autoridades zapatistas. Esta cuestión no estuvo exenta de conflictos y tensiones, puesto que para mucha gente era la primera vez que dialogaban con las y los zapatistas, campesinos indígenas, la mayoría de ellas hablantes de lengua materna de raíz maya. Esto no dejaba de generar frustraciones entre quienes confundían la narrativa de los comunicados zapatistas con la realidad de las comunidades organizadas.

Por otro lado, el subcomandante Marcos anunció que con las JBG, y la muerte de los Aguascalientes, pretendían acabar con "el síndrome de Cenicienta" (EZLN, 2003), refiriéndose al hecho de haber recibido donaciones absurdas como un zapato de tacón de aguja (uno solo, sin su par). De este modo anunciaban que no iban a recibir migajas ni tampoco iban a permitir la imposición de proyectos. Quedaba claro que la autonomía debía significar respeto y acabar con el paternalismo que esconde siempre la colonialidad reproducida sin pudor por personas de los movimientos sociales nortecéntricos. En la misma línea se establecieron normas para poder llevar a cabo investigaciones en las comunidades zapatistas, cuestionando el extractivismo académico que seguía posicionándolos como objeto y no como sujetos de conocimiento.

Cuando los muertos no tienen nacionalidad

A lo largo de estos treinta años, el zapatismo no ha cesado en el empeño de tejer redes de resistencia y rebeldía autónomas, sin hegemonías, basadas en el apoyo mutuo, y donde se compartan las historias de lucha, con lo bueno y lo malo. No solo a través de las convocatorias que nos han llevado a su territorio, sino también a través de acciones solidarias desde el movimiento hacia otras organizaciones, luchas y pueblos.

Muestra de ello fue cuando Carlo Giuliani, joven italiano asesinado por la policía en la contracumbre de Génova (2001), fue nombrado, junto con asesinados de otras geografías, como uno de "sus muertos", precisamente en el comunicado del 25 de mayo de 2014 en el que se anunciaba la muerte del Sub Marcos y el nacimiento del Subcomandante Galeano, adoptando así el nombre del maestro zapatista asesinado en 2014 por un grupo paramilitar en La Realidad (EZLN, 2014). Mucho antes, en 2003, en el marco de las protestas europeas contra la guerra de Irak, la madre de Giuliani leyó en Roma un comunicado del EZLN en el que Marcos analizaba el "no a la guerra" como un "no" por la humanidad y contra el neoliberalismo.

En 2005, a través de *La Sexta Declaración de la Selva Lacandona* (La Sexta), daban su palabra sobre dónde estaban situados y desde dónde miraban México y el mundo. Ante esta detallada radiografía enviaban un mensaje a todas las personas que luchan en el mundo: "que no están solos, que nosotros los zapatistas, aunque somos muy pequeños, los apoyamos y vamos a ver el modo de ayudarlos en sus luchas y de hablar con ustedes para aprender, porque de por sí lo que hemos aprendido es a aprender" (EZLN, 2005).

Decidieron enviar, como muestra de apoyo al pueblo de Cuba, 8 toneladas de maíz y 200 litros de gasolina. El intercambio de aprendizajes y apoyos ha sido visible también con sindicatos como *Solidaires* en Francia o la Confederación General de los Trabajadores (CGT) en España, con quienes han mantenido una relación de solidaridad que pervive.

Pero también podemos ver la huella zapatista en organizaciones de origen asambleario que optaron por dar un paso adelante en la participación en las instituciones representativas en el Estado español o autonómicas. El primero de ellos, el partido independentista catalán, la Candidatura de Unidad Popular (CUP). Uno de sus representantes, David Fernández se autoidentificó en una entrevista como "zapatista urbano" (Manrique, 2012). Y en la campaña de este partido en 2011, "embranzida per la unitat popular" se puede leer en su web: "Del Zapatisme n'hem après molt. Dels seus plantejaments i idees en som filles" (Del zapatismo hemos aprendido mucho. De sus planteamientos e ideas somos hijas").

Podemos también mostró su herencia zapatista. En el discurso de Pablo Iglesias en la sesión de investidura del presidente de Gobierno en 2016, se despidió de la tribuna recordando a un emigrante mexicano que trabajó en El

Corte Inglés -refiriéndose al Subcomandante Marcos- parafraseando: "gobernar es mandar obedeciendo a la gente." Y finalizó su intervención del mismo modo que tantos comunicados zapatistas: "Democracia, Libertad, Justicia".

El protagonismo de las mujeres zapatistas dentro de la guerrilla ha generado también alianzas con organizaciones de mujeres muy diversas

El protagonismo de las mujeres zapatistas dentro dc la gucrrilla ha generado también alianzas con organizaciones de mujeres muy diversas. Uno de los hitos más importantes fueron los Encuentros de las Mujeres que Luchan en 2018 y 2019, celebrados en territorio zapatista. Allí se dieron cita más de 5000 mujeres de diferentes latitudes para compartir sus problemáticas y sus luchas. Deconstruyendo el racismo y la colonialidad que proyecta la imagen de las *mujeres pobres indígenas* que deben ser rescatadas e iluminadas por las *blancas urbanas,* las mujeres zapatistas nos han dado lecciones de respeto y diversidad al interior de las luchas feministas. Nombramos las cosas de manera diferente, pero todas estamos luchando contra un sistema que nos oprime y violenta. "Somos diferentes, pero somos iguales (...) nos hacen iguales la violencia y la muerte que nos hacen", nos dijeron (EZLN, 2018).

La Gira por la Vida: el desborde de las redes neozapatistas.

En plena pandemia los y las zapatistas nos lanzaron un nuevo reto. Diseñaron un viaje anticolonial coincidiendo con los 500 años de la caída de Tenochtitlán para decirnos que no los conquistamos, que resisten, que viven. Más profundo, si cabe, fue el motivo de su viaje: venir a conocer la Europa Insumisa, rebautizada por ellos y ellas como *Slumil K'ajxemk'op* (en lengua *tseltal*) y conocer a colectivos y personas que están luchando contra el capitalismo, cumpliendo la palabra dada en *La Sexta* (2005). Por primera vez, los y las zapatistas han venido a nuestros territorios. No el Subcomandante Marcos, sino indígenas mayas, jóvenes y adultos, mujeres, hombres, niños y niñas, llegaron a convivir con nosotras, a contarnos su historia de lucha, a compartir experiencias y dolores. Los colectivos históricos de solidaridad con el zapatismo debían ser el puente para que los y las zapatistas pudieran llegar a conocer la diversidad de luchas que recorren el continente europeo, desde la defensa del territorio, los centros sociales okupados, las luchas de personas racializadas y migrantes, la lucha cooperativista, sindicalista, por la soberanía alimentaria, contra el extractivismo, la solidaridad internacionalista, etc. Siento que la Gira por la Vida quisiera inaugurar o explorar una relación con la sociedad civil internacional en otro nivel, otra etapa, en la que las relaciones no se den solo con quienes han conformado tradicionalmente parte de las redes neozapatistas, sino que su deseo era conversar con personas, colectivos y luchas que no necesariamente conocieran quiénes eran, pero que de alguna manera, en *su modo, en su tiempo y geografía,* luchan contra el sistema capitalista. Un deseo de desbordar las redes, de encontrarse con personas humildes y sencillas que luchan, en los términos de *La Sexta.*

Este viaje también nos invitó a romper con la colonialidad que permite el privilegio de viajar, nuestro privilegio de mirar, observar u opinar sobre ellos y ellas. Ahora eran ellos y ellas quienes han podido conocer dónde vivimos y cómo nos organizamos.

Conversando con una joven italiana sobre la Gira por la Vida, me compartió que una de sus reflexiones versaba sobre la separación que en nuestra cotidianeidad existe entre la vida activista y laboral. El activismo político aparece como una partecita de nuestra vida que tenemos que arañar al tiempo de trabajo y de disfrute. En cambio, como nos dijeron las mujeres zapatistas en el encuentro de 2018, nosotras "acordamos vivir porque vivir es luchar".

La primera etapa de la Gira por la Vida, emulando el viaje de las carabelas en sentido contrario, trajo al Escuadrón 421 desde México a España en el barco La Montaña. En él portaron cuatro cayucos pintados a mano por zapatistas que fueron comprados por el Museo Reina Sofía de Madrid. En julio de 2022, el EZLN, con la intermediación de Pallasos en Rebeldía, creó un puente para que la cantidad obtenida por la venta de los cuatro cayucos fuera donada a la organización *Open Arms,* dedicada al rescate de migrantes en el Mediterráneo. La carta firmada por el finado Marcos y los Subcomandantes Galeano y Moisés, señalaba que este era el modo de enviarles un abrazo. Un abrazo de Sur a Sur, de lucha a lucha, mostrando que las fronteras entre quienes soportamos la violencia de la hidra capitalista, en sus diferentes modos, deben ser destruidas.

En este sentido debemos recordar que el último comunicado publicado en el aniversario del 1 de enero fue el de 2021, cuando por primera vez en la historia una declaración coincidiendo con el aniversario del alzamiento armado no estaba solo firmada por el EZLN, sino por centenares de organizaciones y colectivos internacionales donde nos comprometimos con la "Declaración por la Vida". El empeño por crear redes horizontales donde se comparta la responsabilidad y la carga, tal y como las comunidades indígenas han practicado el autogobierno, es trasladado a las redes de solidaridad internacionales, ampliándolas, con el ímpetu puesto en llegar al resto de continentes.

El 1 de enero de 2024, la celebración de los 30 años del levantamiento armado zapatista en el Caracol Dolores Hidalgo, contó también con la presencia de cientos de *internacionales* llegados desde Estados Unidos, Alemania, Italia, Eslovenia, Grecia, España, Francia, entre otros. Pude encontrar desde una mujer australiana de 75 años a una joven portuguesa de 20 que viajaron, especialmente, para conmemorar el aniversario zapatista.

Frente al ánimo apocalíptico que recorre el mundo, la alegre rebeldía zapatista nos regaló bailes y teatro en medio de un clima de violencia desatado por los cárteles que se disputan el territorio chiapaneco. Avisaron que ellos y ellas siguen soñando, pensando en el mundo que van a dejar a la niña que nazca dentro de 120 años y convirtiendo sus tierras recuperadas en tierras de lo común. Abolir la propiedad privada sobre la tierra muestra una práctica revolucionaria rompiendo el principio sobre el que se ha asentado la reproducción capitalista, la construcción de una ficción jurídica para cosificar a la madre tierra, sujeto de vida para todas las culturas originarias. La esperanza sigue latiendo en la Selva Lacandona y a partir de la Declaración por la Vida (2021) las redes neozapatistas (desbordadas) se comprometieron a luchar contra el sistema capitalista, y luchar por la Vida. La palabra está dada.

Lola Cubells Aguilar, profesora e investigadora en la Universitat de València

Referencias

EZLN (1996) *Crónicas intergalácticas. Primer encuentro intercontinental por la humanidad y contra el neoliberalismo.* México: Estampa Artes Gráficas.

EZLN (2004) "Leer un video. Tercera parte: Tres hombros", *Enlace Zapatista,* 22 de agosto.

EZLN (2003) "Chiapas: la treceava estela. Segunda parte: una muerte", *Enlace Zapatista,* 21 de julio.

EZLN (2005) "La Sexta Declaración de la Selva Lacandona", *Enlace Zapatista,* 30 de junio.

EZLN (2013) "Ellos y nosotros. VI.- Las miradas. Parte 4: Mirar y comunicar", *Enlace Zapatista,* 11 de febrero.

EZLN (2018) "Palabras a nombre de las mujeres zapatistas al inicio del primer encuentro internacional, político, artístico, deportivo y cultural de mujeres que luchan", *Enlace Zapatista,* 8 de marzo.

EZLN (2014) "Entre la luz y la sombra". *Enlace Zapatista,* 25/05/2014.

Leyva, Xóchitl (1999) "De Las Cañadas a Europa: niveles, actores y discursos del nuevo movimiento zapatista (1994-1997)". *Desacatos: Revista de Ciencias Sociales,* 1, México: CIESAS.

(2021) *Guerras, zapatismo, redes.* Buenos Aires, Argentina: Consejo Latinoamericano de Ciencias Sociales; San Cristóbal de Las Casas, Chiapas: Cooperativa Editorial Retos; Guadalajara, Jalisco: Cátedra Jorge Alonso: Universidad de Guadalajara.

Manrique, Patricia (2012) "Somos una suerte de zapatismo urbano que se basa en el proyecto histórico de la izquierda independentista", *Diagonal Periódico,* 28 de noviembre.

Mignolo, Walter (2011) *Historias locales /diseños globales. Colonialidad, conocimientos subalternos y pensamiento fronterizo.* Madrid: Akal.

Pérez-Sales, Pau, Santiago-Vera, Cecilia y Álvarez-Díaz,Rafael (2002) *Ahora apuestan al cansancio. Chiapas: fundamentos psicológicos de una guerra contemporánea.* México: Centro de Derechos Humanos Miguel Agustín Pro Juárez y Grupo de Acción Comunitaria.

Seoane, José, Taddei, Emilio y Algranati, Clara (2004) "Las nuevas configuraciones de los movimientos populares en América Latina". *VI Jornadas de Sociología.* Buenos Aires: Universidad de Buenos Aires.

Una revolución educativa necesaria y posible

Francis Vergne

■ El interés mostrado por la revista **viento sur** hacia nuestra última obra, *Éducation démocratique. La révolution scolaire à venir* [*Educación democrática. La próxima revolución escolar*] **1/**, ha sido para Christian Laval y para mí un valioso estímulo para proseguir la reflexión y continuar un combate en todos los frentes: universitario, sindical, político, en una perspectiva altermundista **2/**.

¿Qué pautas de lectura para comprender las transformaciones de la escuela?

Éducation démocratique prolonga una reflexión que se viene haciendo desde hace una veintena de años en conexión con el Instituto de Investigación de la FSU, principal sindicato de la enseñanza, la investigación y la cultura en Francia. En un principio, trataba de comprender en toda su dimensión la amplitud y el carácter sistémico de la revolución neoliberal y sus consecuencias en el terreno educativo, demasiadas veces subestimadas o malinterpretadas.

Hemos querido ofrecer una pauta de lectura más política y más global a aquellos colegas y camaradas desconcertados por el desencadenamiento de medidas neoliberales presentadas como ineluctables: la entrada simultánea en una nueva era del capitalismo y en una nueva era de la escuela. Así lo hacen diversas obras publicadas, como el libro de Christian Laval, *L'école n'est pas une enterprise. Le Néolibéralisme à l'assaut de l'enseignement public* [*La escuela no es una empresa. El Neoliberalismo al asalto de la enseñanza pública*], y sobre todo *Nouvelle école capitaliste* [*Nueva escuela capitalista*] publicada en 2011. La tesis central **3/** es la puesta en marcha de un nuevo orden educativo mundial difundido e instrumentalizado por las instituciones de la Unión Europea. Por decirlo de forma resumida, la finalidad de la escuela no sería tanto transmitir saberes, que tienen valor por sí mismos y por su potencial emancipador, como fabricar personas aptas para incorporarse a la maquinaria económica del capitalismo neoliberal. O, expresado en términos más cercanos a los requerimientos de la Unión Europea, las escuelas deberían transformarse en empresas productoras de capital humano al servicio de la *economía del conocimiento.* El alineamiento con las hojas de ruta de la *Estrategia de Lisboa* y del *Proceso de Bolonia,* como hilo conductor de la mutación de las instituciones de enseñanza a escala europea, forma parte de un consenso general en el que apenas se diferencian gobiernos de derecha y

1/ Laval, Christian y Vergne, Francis (2021) *Éducation démocratique. La révolution scolaire à venir.* Paris: La Découverte.

2/ En esta óptica se han podido establecer contactos e intercambios, por ejemplo, con nuestros amigos italianos y brasileños, contactos que han permitido traducir y publicar en su lengua *Éducation démocratique.*

3/ Laval, Christian; Vergne, Francis; Clément, Pierre y Dreux, Guy (2011) La nouvelle école capitaliste. Paris: La Découverte.

gobiernos de izquierda, apuntados todos a la *concurrencia libre y no falseada* y al espíritu de empresa. Lo cual empuja a una despolitización, al menos aparente, de la cuestión escolar. La búsqueda de la eficacia de las *buenas prácticas* prima sobre la ideología. La tecnificación de los problemas y de las *soluciones* legitima la ignorancia de la cuestión social.

La sociología crítica de la escuela había insistido en la función reproductora de la escuela, pero con su transformación neoliberal está en juego algo más: la subordinación del conocimiento y de los saberes al valor mercantil y a las exigencias de la competencia económica. Esta lógica se convierte en la única ley: la escuela se ve formateada por la racionalidad neoliberal hasta el punto de confundirse con el movimiento del capital. Cada establecimiento del sistema escolar y universitario debe adoptar nuevas formas de organización más eficaces, posicionarse en el gran mercado de la formación y redefinir sus contenidos y prácticas pedagógicas. Cada persona enseñante o investigadora debe aprender a evolucionar en un entorno de competencia y selección, debe responder y adaptarse a las nuevas exigencias del *alumnado/estudiantado cliente*. Y cada alumno o alumna/estudiante debe pensar en su formación y orientación como responsable de su empleabilidad. La escuela, centrada en la gestión del capital humano, se vuelve en cierto modo intrínsecamente capitalista. *¡Lo humano es capital!* se convierte en signo de adhesión.

La escuela se ve formateada por la racionalidad neoliberal hasta el punto de confundirse con el movimiento del capital

Mecanismos, gramáticas y prácticas de la escuela neoliberal

Para mostrar esta evolución, propuse la siguiente comparación en un librito más ligero y de vocación paródica **4/**: ¿qué ocurriría si las reformas neoliberales fueran aplicadas a las orquestas sinfónicas? Una primera conclusión sería el carácter superado de algunos principios musicales que no han sido revisados desde hace siglos. ¿No se podría, a partir de una auditoría compartida, racionalizar el funcionamiento y modificar la gestión de la orquesta? Imaginemos el diagnóstico: varios instrumentos y músicos resultan inútiles, por idénticos (es el caso de los violines). Tecnologías innovadoras permitirían obtener el mismo volumen a partir de un solo instrumento. Algunos otros -baratos y de fácil mantenimiento- están en cambio subempleados (triángulo, timbales). En la sinfonía hay trozos repetitivos que no aportan nada nuevo: ¿por qué no suprimir las redundancias y reducir el tiempo de concierto, sin perjuicio para los clientes y para la calidad del producto? Además, la dirección de la orquesta podría efectuarse por teleconferencia: un solo jefe de orquesta, con criterio de excelencia y acreditado en buenas

4/ Vergne, Francis (2011) *Mots et maux de l'école, un petit lexique impertinent et critique*. Paris: Armand Colin.

prácticas, dirigiría varias orquestas a la vez. En fin, la remuneración de los músicos se ajustaría a la rentabilidad y a su implicación personal en llenar las salas de conciertos. Exageración o ficción, se me dijo entonces. ¿También hoy?

En ese mismo libro, contaba una anécdota sobre uno de los rasgos característicos del neoliberalismo educativo que tiene que ver con el frenesí evaluador y la política de cuantificación impuesta. En este contexto, el mundo de la investigación descubrió a un nuevo genio, un tal Ile Antkare, uno de los diez primeros investigadores en ciencias informáticas que figuraba, por delante de Albert Einstein, entre los cien científicos más famosos del mundo. Desde su supuesto trabajo en el International Institute of Technology United Slates of Earth, este pequeño genio había publicado, según *Google Scholar*, 102 artículos, reproducidos y citados en muchas ocasiones en la red. El único problema era que este investigador modelo, cuyo *índice H* [que mide tanto la productividad como el impacto de las citas de las publicaciones del autor] y evaluación bibliométrica alcanzaban semejantes cimas, no existía. Había sido inventado desde la nada por un enseñante utilizando un simple generador de textos que creaba artículos combinando frases de manera aleatoria. El resultado se parecía a un verdadero artículo científico. Fue referenciado por *Google Scholar*, aunque en rigor no tenía ningún sentido. Hicieron falta varios meses para descubrir la superchería. Pero si reflexionamos sobre ello, tiene algo que ver con PISA, ese ineludible conjunto de estudios realizados por la OCDE para medir, comparar y, sobre todo, clasificar los resultados de los sistemas educativos.

PISA se ha convertido en la biblia para justificar todas las reformas educativas en curso

PISA se ha convertido en la biblia para justificar todas las reformas educativas en curso en nombre de las comparaciones cuantificadas. Mientras los diseñadores de PISA confiesan no saber muy bien lo que están midiendo (ni el nivel escolar, ni el potencial, ni las competencias, sino un bricolaje mezcla de todo ello), van cayendo las conclusiones perentorias. A partir de muy discutibles indicadores de resultados que se repiten cada tres años, PISA eleva sus pretensiones cada vez más arriba, recomienda, prescribe, enuncia doctamente cómo afrontar los logros escolares, reducir las desigualdades, mejorar la motivación del alumnado y la calidad de la enseñanza; y, sobre todo, invita a cada persona a mantener su categoría y a ganar puestos en la competición que conducirá a la próxima clasificación.

Es cierto que desde entonces las políticas neoliberales han evolucionado , pero a peor, en el sentido de que se han vuelto infinitamente más radicales y más represivas. Es la marca de fábrica del neoliberalismo *versión 2*: utilizar métodos autoritarios para detener la crisis de la escuela, con la recuperación de las temáticas de la derecha más reaccionaria: neomalthusianismo escolar, segmentación de lo público y de la formación, referencias patrióticas, disciplina a la vieja usanza, etc. El discurso dominante no es más modernizador, sino más conservador y guerrero a la hora de designar los chivos expiatorios y su denuncia del enemigo interior que amenaza los fundamentos de nuestra civilización. Los mismos discursos y las mismas prácticas antidemocráticas en todas partes. Hoy día se asume una nueva guerra escolar ligada a la guerra social llevada a cabo por el neoliberalismo. Esto no contradice los diseños fundamentales del neoliberalismo antes mencionados. La novedad reside en la manera de realizar estos objetivos: la imposición de la fuerza bruta, las repetidas mentiras de la *neolengua*, la negación de la democracia en la escuela.

Articular movilizaciones defensivas y propuestas ofensivas

La cuestión que nos decidió a escribir nuestro último libro fue la siguiente: ¿basta con analizar y criticar las transformaciones capitalistas de la educación para detener el proceso? Tenemos que constatar que no. La reflexión crítica y la oposición práctica son indispensables, pero no bastan.

Pensamos que ya era el momento de pasar de las movilizaciones defensivas a las propuestas ofensivas. Los movimientos de resistencia a las reformas neoliberales en el ámbito escolar y universitario, numerosas en todo el mundo desde hace al menos dos décadas, han planteado en sí mismas el principio básico de una alternativa a la privatización y a la sumisión a los imperativos capitalistas: si el conocimiento es un bien común, no debe estar reservado a una élite, ni ser objeto de ninguna forma de *enclosure* (*cercado*) por dinero, clase social o lugar de residencia. Más allá de los motivos iniciales de las movilizaciones, el sentido de todos estos movimientos se basa en el principio de que *la educación es un bien común, no una mercancía.*

La cuestión que queremos plantear en este trabajo es precisamente saber cuáles son sus implicaciones concretas en contenidos escolares, en pedagogía y en arquitectura institucional. Hacer de la educación, de la cultura o de la salud, y de muchos otros ámbitos de la vida humana y social, un *bien común* nos lleva a una visión política directamente contraria a la concepción neoliberal, basada en la mercantilización, la privatización y la financiarización del conjunto de las actividades humanas. Decir que la educación es un *bien común* es tanto como decir que es inapropiable, que ningún individuo, ningún grupo, ningún Estado puede considerarse o hacerse propietario de ella. Por principio, pertenece a todos y todas. Pero ese *bien común* educativo debe encontrar consistencia en *una institución* que esté concebida como *común*, es decir como un espacio institucional autogobernado por las y los coparticipantes en la actividad educativa y regida por el derecho de uso ejercido sobre los recursos educativos producidos, mantenidos y puestos a disposición por esta institución. En otras palabras, ¿qué se puede hacer hoy para mover la educación hacia la democracia social y ecológica?

En este libro insistimos mucho sobre la finalidad de la educación. En contra de las múltiples formas de despolitización, desde la *tecnificación pedagógica* hasta el objetivo económico de la *empleabilidad*, hay que asumir que la cuestión escolar es fundamentalmente política. Está íntimamente ligada a la sociedad deseada. ¿Qué educación se necesita para plantearse un futuro deseable y una tierra habitable? Con vistas a dicha sociedad, la educación tendría como función formar personas creativas y cooperativas en condiciones de compartir saberes, transmitir conocimiento, cuidar de las otras y de los medios de vida, y producir conocimientos.

Por tanto, la tarea de la educación democrática es enseñar a toda persona a convertirse en una participante activa en la vida social y cultural, en su renovación, en su creatividad. Y se podría añadir: un ser plenamente responsable del mundo en el que va a vivir. La originalidad de una educación democrática es permitir hacer la experiencia de la autonomía individual y del autogobierno colectivo a las y los alumnos y estudiantes.

Una sociedad democrática presupone personas preparadas para la deliberación y la decisión colectiva, armadas con la indispensable cultura común, deseosas de comprometerse en la actividad colectiva y cuidadoras del bien común. La educación debe ser concebida como el lugar de dicho aprendizaje y experiencia preparatoria. Las y los enseñantes tienen que formar a los ciudadanos y ciudadanas del mañana que tendrán que afrontar problemas de una amplitud y una gravedad tal vez nunca antes alcanzados en la historia de la humanidad.

La institución democrática de la educación no se proclama, se realiza prácticamente en las luchas y las experimentaciones

En nuestra idea, la institución democrática de la educación no se proclama, se realiza prácticamente en las luchas y las experimentaciones. Pero debe tener una perspectiva global y sistémica, ya que las condiciones de transformación progresista de la escuela son interdependientes. Esta transformación debe afectar de manera simultánea a las relaciones entre las instituciones educativas y los poderes en la sociedad, las relaciones pedagógicas, los contenidos culturales y la organización de los poderes internos.

Por tanto, sometemos a discusión cinco principios que en nuestra opinión pueden preparar la educación democrática del mañana.

Cinco principios para preparar la educación democrática de mañana

I. La libertad de pensamiento

El primero se refiere a la condición primordial de la educación democrática: *la libertad de pensamiento*. La escuela debe estar enteramente emancipada de los poderes que querrían someterla e instrumentalizarla, ya sean religiosos, gubernamentales o de empresas capitalistas. En este sentido, toda la educación, desde la preescolar hasta la universitaria, debe estar regida por la regla absoluta de la libertad de pensamiento, condición de todo conocimiento racional. Y para ello debe estar integrada en una institución independiente de los poderes que llamamos la Universidad Democrática. Esto nos remite a la herencia de la Ilustración y a la alianza entre la ciudadanía y el espíritu científico. Una preocupación importante de Condorcet, y más tarde de Jaurès y Gramsci (que compartieron la idea de que un gobierno democrático supone la extensión a todos de aquellos conocimientos establecidos como verdad en una determinada época, pero también la universalización de la *capacidad* de contribuir al progreso de los conocimientos), fue cómo dotar a los alumnos y alumnas de las formas de reflexión y de los contenidos de saberes que les permitieran ejercer su autonomía como ciudadanos y ciudadanas. Al objetivo de la independencia individual, al que aspiraba el republicanismo de Condorcet, el socialismo añadió el autogobierno en el campo del trabajo. Y con la ecología se está operando hoy un desplazamiento suplementario, de manera que el conjunto de relaciones que la especie humana mantiene con el mundo físico, vegetal y animal debe ser objeto de una gran interrogación por medio del acceso a nuevos saberes fundamentales.

II. La igualdad en educación

El segundo principio es *la búsqueda de la igualdad en el acceso a la cultura y al conocimiento*. Es sabido que las desigualdades son multidimensionales y acumulativas. Multidimensionales, porque son a la vez sociales, territoriales, de género, de origen, etc. Acumulativas, porque suelen ser las mismas personas las que se encuentran en posición de inferioridad en el orden del tener, del saber o del poder. ¿Cómo no sólo reducir las desigualdades, sino producir la igualdad? Actuar sobre las condiciones del aprendizaje supone actuar sobre el marco económico, social y cultural de las familias, en la medida en que la precariedad de la vida y la precariedad escolar están vinculadas y se alimentan recíprocamente. Sólo una poderosa igualación de las condiciones sociales y económicas podría disminuir las desigualdades escolares al disminuir la brecha de las condiciones materiales y culturales entre las clases. En concreto, se trata de que lo que procuran las *familias pedagógicas* de las clases medias y superiores para su progenitura, estructuras con personal cualificado y de alto nivel, pueda ser aportado de forma gratuita a toda la juventud. Esto concierne al acompañamiento escolar del alumnado que lo necesita, pero también al entorno cultural, lúdico y deportivo de los niños y niñas como condición para su apertura a otros horizontes sociales.

Uno de nuestros planteamientos es considerar la situación de los alumnos y alumnas con grandes dificultades desde el punto de vista de lo que podría denominarse *desafiliación escolar*, retomando el concepto de *desafiliación social* desarrollado por el sociólogo Robert Castel sobre los procesos de ruptura de los diferentes vínculos susceptibles de conectar a la persona con la sociedad: lazos de parentesco, de trabajo, de vida asociativa, de amistades, de actividades deportivas y culturales, etc. Por analogía, la *desafiliación escolar* es un proceso social de erosión de los vínculos con la institución y de las identidades que se constituyen en la experiencia de la escolarización. La *afiliación escolar* o la reafiliación escolar, por el contrario, se producirá por la recomposición de múltiples lazos con la institución escolar (reglas, cultura, lenguaje, enseñantes, compañeros, saberes enseñados) que en ese momento pueden sostener una adhesión a valores comunes y mantener una esperanza de resultados. Se trata de crear solidaridades positivas y desarrollar prácticas cooperativas entre los alumnos y alumnas. Se trata también de articular dos luchas por la igualdad: la lucha interna en las instituciones y la lucha externa que afecta a toda la sociedad. Se puede pensar, asimismo, en el desarrollo de actividades colectivas en el marco de la educación popular, bajo múltiples formas. Algunos movimientos sociales en América Latina, muy inspirados en la *pedagogía del oprimido* de Paulo Freire, como el *Movimiento de los sin tierra* de Brasil, *Barrios en pie* en Argentina o las *Caravanas pedagógicas* en Colombia, asocian educación, convivencia social y capacidad autónoma de las y los participantes, y muestran cómo grupos de ciudadanos y ciudadanas y asambleas de trabajadores y trabajadoras pueden instituirse como sujetos de su propia historia fuera del Estado y del mercado.

III. ¿Qué *cultura común*?

El tercer principio se refiere a la puesta en práctica de una *cultura común*. ¿A qué *cultura común* deberían acceder las y los jóvenes en una democracia social y ecológica, y qué lugar ocupa en ello la escuela? ¿En base a qué criterios se puede hacer una elección entre los conocimientos a transmitir? Para las y los conservadores, la institución escolar debería preparar esencialmente en un espíritu individualista y utilitarista para carreras profesionales y para posiciones sociales muy diferenciadas. En este sentido, el neoliberalismo escolar define la *base mínima común de competencias,* entendida en un sentido a la vez cognitivo y conductivo. Pero, aunque haya que combatir este modelo impuesto, la cultura común democrática y ecológica no puede limitarse a la simple reafirmación de la *cultura general* en el sentido que le daba el viejo humanismo.

El ideal de la *cultura general* ha estado asociado a una cultura desinteresada, una especie de adorno que reflejaría el *buen gusto* de las clases cultas. Lo que conduce a compartimentaciones culturales y cerrazones intelectuales -como lo muestra el ejemplo de la marginación de la cultura del cuerpo-, cerrazones dañinas para una verdadera formación general. Con la misma preocupación de apertura, planteamos que la cultura común no podría ser una cultura únicamente nacional, sino una cultura plural y cosmopolita. Proponemos que la formación debería traducirse en la complementariedad de la cultura científica y técnica, de la cultura humanista tradicional y también de segmentos enteros de cultura popular relegados. En este sentido, Gramsci defendió el ideal de una "escuela única inicial de cultura general, humanista, formadora, que articula justamente el desarrollo de la capacidad de trabajar manualmente (técnica, industrialmente) y el desarrollo de la capacitación de reflexión intelectual". El principio que nos guía implica, a la vez, una cierta jerarquización de los saberes y la búsqueda de una nueva coherencia antropológica **5/**. Esta perspectiva es

5/ Por precisar nuestra posición sobre este punto, no se trata de oponer, como ha podido ser la tentación en el seno del movimiento obrero, una cultura proletaria y una cultura burguesa. La verdadera revolución cultural no implica el sacrificio de los tesoros de las humanidades, sino su plena integración en una cultura para todas y todos y más allá de las especialidades.

inseparable de una refundación de la organización de la producción, del papel del trabajo intelectual y de la participación popular en la vida política.

IV. Hacia una pedagogía de la cooperación

En cuanto al campo pedagógico propiamente dicho, planteamos asociar educación democrática y pedagogía de la cooperación. Lo que se quiere designar con pedagogía de la cooperación es un conjunto de pedagogías que han intentado desarrollar en el alumnado conductas de cooperación en lugar de conductas competitivas, relaciones de solidaridad y actitudes de responsabilidad colectiva en lugar de la búsqueda del simple éxito individual, una autonomía individual y una participación colectiva en la deliberación en lugar de la pasividad y la obediencia a la autoridad del maestro o la maestra y a la jerarquía administrativa. Estas pedagogías presentan un doble carácter: son *sociales,* en el sentido de que pretenden desarrollar una responsabilidad hacia el grupo y, más allá, hacia la sociedad, con espíritu de reciprocidad; son *democráticas,* en el sentido de que desarrollan la participación efectiva de los alumnos y alumnas en la elaboración de la regla colectiva que interiorizan y que les socializa. También se puede adoptar, como hemos hecho en nuestro trabajo, la denominación de *pedagogía instituyente,* entendiendo por ello el conjunto de pedagogías que hacen de la democracia un principio de funcionamiento de la institución escolar y de formación del alumnado.

Pedagogía instituyente, conjunto de pedagogías que hacen de la democracia un principio de funcionamiento de la institución escolar

Es sabido que estas pedagogías son objeto de críticas particularmente violentas por parte de los gobiernos y de los partidos del orden neoliberal. Pero, aunque haya que denunciar con toda razón el discurso conservador que alega la desaparición de la autoridad como el peor peligro para la educación, la respuesta no puede ser el simétrico discurso antiautoritario que niega la necesidad de reglas colectivas. Si para alguna gente la autoridad es un aspecto natural de la transmisión de los saberes, para otra lo natural sería la ausencia de autoridad por el hecho de la espontaneidad del desarrollo de la infancia. Hay que oponerse y proponer alternativas tanto a la escuela-cuartel, heredera de las grandes instituciones disciplinarias, eclesiásticas y militares, como a la *escuela sin ley* que constituyó una tentación tras el 68 y que dio paso después a la *ley del mercado* con ocasión del vuelco neoliberal de los años 80.

Esto nos lleva a precisar la relación con otras pedagogías, que no se trata de recusar sino de integrar en la doble perspectiva pedagógica y social **6/**. Podemos pensar en algunos aspectos de las llamadas pedagogías nuevas o alternativas. Podrían calificarse, con más cercanía, como populares

6/ Con esta intención hemos releído y puesto en perspectiva pedagogías como la de Dewey, de Ferrer, de Freinet, de Oury o de Freire.

o proletarias, a la manera de Célestin Freinet, para expresar su intención igualitaria y su contenido de clase. En fin, se podría hablar de pedagogías críticas, retomando una expresión de Paulo Freire, para destacar su dimensión de contestación de las formas de opresión y su voluntad de deconstrucción de las evidencias de la ideología dominante. Lo que queremos destacar es la relación entre la práctica de la democracia en la propia formación y la requerida por una sociedad cuyo funcionamiento procedería por autogobierno.

V. El autogobierno de las instituciones del saber

Este principio de organización de los establecimientos escolares no es en el fondo más que el traspaso al campo educativo de propuestas válidas en todas las actividades. Las y los individuos deben poder autogobernarse en el seno de sus colectivos de trabajo y de vida; es decir, codeterminar las reglas que rigen sus relaciones y los objetivos que se plantean.

Hay que concebir modos de autogobierno de los establecimientos educativos implicando a las y los enseñantes, pero también a los alumnos, alumnas y a las familias. Desear una sociedad donde el autogobierno constituya el principio general de las instituciones es querer una educación que prepare para este tipo de organización social, que forme ciudadanos y ciudadanas activas, críticas, capaces de autorreflexión colectiva, deseosas de todas las formas de participación social.

Podemos referirnos a la autogestión. Constatar su escasa práctica dentro de los sistemas educativos no es un insulto a las experiencias autogestionarias. El principio de la autogestión aplicado a la escuela ha tenido el mérito de mostrar de forma concreta que la mayor parte de las cuestiones fundamentales que se plantean a las instituciones educativas pueden ser debatidas abiertamente por todos y todas, y tratados en disposiciones pedagógicas elaboradas colectivamente y validadas democráticamente, sin depender de una tutela jerárquica y de un mando burocrático.

Estas experimentaciones pueden convertirse en fuente de inspiración y punto de apoyo para un gobierno democrático más amplio de la escuela. Pero el problema político que surge muy pronto es el del límite de una democracia confinada sólo al espacio del establecimiento educativo. ¿Cómo pensar a la vez la democracia interna en un establecimiento concreto y la intregración del mismo en un *sistema educativo* democrático? La solución no se encuentra simplemente en el enfoque de la *autonomía escolar* o de la *autogestión pedagógica* de los años 60 y 70.

Una de las grandes cuestiones de orden institucional y práctico consiste en encontrar puntos de equilibrio entre la indispensable libertad de las y los actores que trabajan directamente en el marco de establecimientos autogobernado y la ley general que pretende la igualdad real de las condiciones de enseñanza y de aprendizaje. Hoy día, el poder efectivo pertenece al Estado central y a su gobierno que, de hecho, dispone de los medios de coacción burocrática para imponer una *escuela de mercado*. La falta de responsabilidad política, la ausencia de participación y la sumisión, siguen siendo la norma. Proponemos otro modelo organizativo diferente al de la burocracia de Estado y desde luego al del mercado, un modelo en el que la educación sería asumida por un verdadero servicio público democrático, un servicio común de la sociedad, en cuyo gobierno tanto las y los enseñantes como los alumnos y alumnas, padres y madres y la ciudadanía estarían directamente implicados. Un modelo federativo que permita definir una ley general sin abolir las autonomías locales y profesionales nos parece el mejor que pueda existir, a condición, desde luego, de que las instancias del *autogobierno* sean a su vez responsables, a todos los niveles, ante la ciudadanía y sus asambleas en materia de respeto de los principios de una educación democrática. O sea, una organización en Federación de los establecimientos y de todas las instituciones del saber.

Para no concluir

Estos principios sólo tienen sentido si no sólo conducen a discusiones, sino a la puesta en marcha y a la confrontación de prácticas que participan de un nuevo experimentalismo educativo, en la perspectiva de una revolución democrática capaz de producir un cambio radical en las maneras de vivir, de actuar y de educar.

Traducción: ***viento* sur**

Estrategias legislativas contrahegemónicas frente al capitalismo rentista 1/

Javier Gil y Jaime Palomera

■ La crisis de la vivienda es inherente a la historia del capitalismo, pero en la última década se ha agudizado tanto que cada vez es más susceptible de devenir en crisis política y poner en jaque la gobernabilidad de los Estados. En junio de 2021, el gobierno de Suecia comenzó a desmoronarse debido a un conflicto sobre el control del precio del alquiler. El primer ministro Stefan Löfven propuso dejar fuera de esta medida a las viviendas nuevas, lo que desencadenó una moción de censura del Partido de la Izquierda, que culminó en la caída del gobierno. Solo dos meses después, en Berlín se celebraron de forma simultánea las elecciones municipales y un referéndum sobre la expropiación a los grandes caseros del país. Tras la victoria del sí, la candidata que ganó las elecciones, del SPD, tuvo que iniciar un proceso de expropiación que no quería para obtener el apoyo de los Verdes y Die Linke y formar gobierno. Una dinámica que no era del todo nueva en este país. Unos años antes, en 2015, la conservadora Angela Merkel había regulado el precio del alquiler en respuesta a la presión del movimiento de vivienda. En Francia, sucedió algo similar en 2019, cuando el presidente Emmanuel Macron se vio obligado a implementar una nueva regulación de precios.

Estos casos reflejan tres tendencias globales en ascenso durante la última década. La primera, que la política de vivienda ha adquirido una relevancia creciente en las campañas electorales y se ha convertido en un elemento clave en los procesos legislativos. La segunda, que las tensiones y conflictos surgidos alrededor de la política de vivienda están llevando cada vez más a situaciones de ingobernabilidad y crisis políticas. Esto se debe en gran parte al papel que juega el alquiler en las economías contemporáneas. La tercera, que la lucha legislativa ofrece a los nuevos movimientos una oportunidad crucial para influir en los procesos políticos a gran escala. Aunque frecuentemente sus reivindicaciones no son completamente aceptadas o se aprueban solo en parte, esta lucha legislativa se convierte en un instrumento para acumular fuerza y crecer como contrapoder. Un proceso que también genera desafección entre los partidos y sus votantes, lo que puede producir tensiones de representación que conduzcan a crisis políticas.

1/ Este artículo parte de debates y experiencias colectivas de los autores en los Sindicatos de Inquilinas e Inquilinos, pero no representan la posición oficial de estas organizaciones. Este análisis forma parte de una investigación más amplia de los autores sobre los impactos y formas de la lucha legislativa del movimiento por la vivienda en el Estado español.

5. AQUÍ Y AHORA

En este artículo proponemos el concepto de *estrategias legislativas contrahegemónicas* para analizar las luchas institucionales y legislativas de los sindicatos de inquilinas e inquilinos durante los últimos años. Recurrimos a este concepto porque señala tres elementos clave de la lucha institucional de estos sindicatos:

1. *El carácter no estado-céntrico de la acción institucional.* Las luchas legislativas no buscan la representación ni la integración institucional. La presión institucional es un repertorio colectivo más entre muchos otros, que está subordinado al conjunto de la acción colectiva. Pero al igual que el resto de repertorios, es fundamental para crecer, acumular fuerzas y que la organización se constituya en contrapoder.

2. *La acción institucional no es un fin, sino un medio.* No se promueven leyes bajo la premisa (o espejismo) de que estas *garantizarán el pleno derecho a la vivienda.* Se trata de promover medidas que interfieran en el proceso de acumulación y de financiarización de la vivienda; de visibilizar los mecanismos y estructuras políticas causantes de las *crisis de vivienda* y de cómo estas benefician a determinados grupos económicos; de introducir instrumentos que empujen hacia la desmercantilización de la vivienda.

3. *La acción institucional como frente de lucha.* La lucha institucional constituye un espacio adicional para definir y producir antagonismo. Dentro de este marco, se ocupan sedes de partidos políticos o se señala a determinados actores económicos. Representa un ámbito adicional de confrontación, sin ser ni más ni menos crucial que otros, cuyo abandono significaría desechar una importante herramienta de acción. Al igual que otros frentes de lucha, a través de la contienda institucional, la organización se fortalece, se producen nuevas identidades políticas y procesos de subjetivación y se consolidan instituciones sindicales. En definitiva, la lucha legislativa no se puede percibir aislada del conjunto de repertorios del sindicato.

Desde esta perspectiva, las acciones de los sindicatos se distancian de las posturas de algunos movimientos sociales que ven al Estado como una entidad monolítica e impenetrable. En contraposición, el concepto de *estrategias legislativas contrahegemónicas* aboga por considerar la lucha institucional como un elemento clave dentro de la estrategia general de los movimientos. Así, nuestro enfoque también se desmarca de las visiones que tratan al movimiento de vivienda como un *lobby* enfocado a influir en el marco legislativo, donde los cambios en la legislación son vistos como un fin en sí mismo. En general, la posición del sindicato frente al Estado se puede considerar dentro de una tradición que reconoce al Estado como inherentemente capitalista, pero también como una institución disputada que puede ser influenciada y moldeada por las luchas populares (Jessop, 2016; Poulantzas, 2000; Ouviña, 2011; Thwaites,

2004; Hardt y Negri, 2015; Gutiérrez, 2017; Hirsch, 2020). La lucha de clases y el conflicto capital-vida se expresan también en el interior del Estado, por lo que es posible y necesario intervenir y operar sobre esas contradicciones.

I. Economía de activos y capitalismo rentista

Las economías contemporáneas cada vez se estructuran y estabilizan más mediante el aumento del precio de los activos. En este contexto, el activo se convierte en el eje central de la actividad económica, dando prioridad a la extracción de valor sobre su creación. Así, el proceso de revalorización de activos y la acumulación de rentas a través de su control emerge como condición esencial para la acumulación de capital (Christophers, 2022; Adkins *et al.*, 2020; Birch y Muniesa, 2020).

En las últimas décadas, el Estado ha jugado un papel crucial en la creación de un marco institucional orientado a convertir la financiarización de la vivienda y la extracción de rentas en una piedra angular de la economía. La resolución de la crisis del 2008 intensificó este proceso, fomentando diversas formas de inversión en vivienda bajo esquemas de *Buy-to-let* (comprar para alquilar) que reforzaron la condición de la vivienda de alquiler como motor de la acumulación urbana.

La crisis de 2008 marcó el inicio de una transición gradual de la vivienda en propiedad hacia la vivienda en alquiler. Este cambio propició el surgimiento de lo que hoy se denomina *generación inquilina*. A medida que esta generación crece, también lo hace el capital invertido en el mercado de alquiler, lo que ha exacerbado que el sector privado cada vez extraiga más rentas de la población que no tiene propiedades. Este proceso está intensificando la explotación secundaria de las y los inquilinos, quienes se enfrentan al incremento de los alquileres, lo que indirectamente disminuye sus ingresos disponibles, agrava sus dificultades económicas y aumenta los desahucios invisibles (expulsiones al final del contrato, sin orden judicial).

De este modo, el arreglo político-financiero implementado para superar la crisis del 2008 generó las condiciones para el surgimiento de nuevas luchas y organizaciones de inquilinos a escala mundial. Muchas de estas señalan directamente al Estado como responsable de su situación, reconociendo las diversas formas en que el Estado ha promovido y extendido estas formas de explotación y expolio. Por eso, para estas organizaciones también es central reivindicar otros marcos legislativos en materia de vivienda que rompan con las políticas neoliberales aprobadas durante las últimas décadas. Se trata de políticas que buscan mitigar la precariedad, la inseguridad y la explotación de los inquilinos e inquilinas, que son contrarias a la lógica de mercado y del capitalismo rentista. Implementar este tipo de medidas significa romper con la tendencia global del neoliberalismo de las últimas décadas, contribuyendo así a la lucha contra la transformación de las viviendas en activos, la extracción de rentas y la financiarización del sector. Es decir, se trata de medidas contrarias al proceso de acumulación y a la reproducción del capitalismo. De ahí las dificultades que tienen estos movimientos para aprobarlas.

II. Organizarse contra el capitalismo rentista

En mayo de 2017, se lanzaron oficialmente el Sindicato de inquilinas e inquilinos de Madrid y Sindicato de inquilinas-Sindicat de Llogateres de Barcelona. Estas organizaciones surgieron como respuesta al nuevo ciclo especulativo y al incremento abusivo de los alquileres en las grandes ciudades. Su finalidad era organizar y empoderar a las personas inquilinas, convirtiendo sus problemas individuales de vivienda en cuestiones colectivas que se abordan a través de tácticas sindicales de desobediencia civil. El resultado es que estas prácticas impactan directamente en el proceso de acumulación urbana, promueven la creación de contrapoderes y desafían la gobernanza neoliberal en el sector de la vivienda.

La estrategia principal de los sindicatos ha sido la campaña *#NosQuedamos*. Cuando un contrato de alquiler termina, el propietario o propietaria puede optar por incrementar el alquiler sin límites o pedir a quien lo alquila que abandone la propiedad. Desde 2014, una parte muy grande de los inquilinos e inquilinas se ha enfrentado a una de estas dos situaciones. La táctica del sindicato consiste en rechazar tanto el aumento del alquiler como la desocupación de la vivienda, optando por permanecer en ella y continuar pagando el alquiler original, aunque esto implique estar *fuera de contrato*. De esta manera, se desafía una ley considerada injusta y la voluntad del o la propietaria de ejercer su derecho a explotar su propiedad mientras cumple con los términos del contrato antiguo y paga el alquiler previo, lo que puede llevar a iniciar acciones legales para desalojar a la persona inquilina. Aunque la batalla judicial es generalmente desfavorable para ésta, ya que suele culminar en un juicio y la consiguiente orden de desalojo, este periodo brinda tiempo para que ella se organice en el sindicato y entre en conflicto con la o el propietario, buscando negociar un nuevo contrato sin incremento en el alquiler.

La táctica del sindicato consiste en rechazar tanto el aumento del alquiler como la desocupación de la vivienda

Cuando un edificio completo es propiedad de un único propietario o propietaria y varias personas inquilinas de dicho edificio se unen colectivamente a la iniciativa *#NosQuedamos*, el edificio se declara como *Bloque en Lucha*. Se constituyen como comunidad política y adquieren una enorme potencia. En tales situaciones, todas las personas inquilinas del edificio enfrentan un escenario común: un incremento abusivo del alquiler que no pueden o no desean pagar, o la amenaza de ser expulsadas de sus hogares, todo ello sucediendo en un período de tiempo similar. El proceso de organizarse para enfrentar este conflicto las lleva a percibir su situación menos como un problema individual –la incapacidad de pagar el alquiler– y más como un desafío que solo puede superarse colectivamente a través de la organización.

Una regla de la campaña es que la única negociación posible con la o el casero es colectiva. Esta norma vincula directamente el futuro de una persona con el de sus vecinas, lo que produce un imaginario basado en la idea de que sólo se puede ganar si ellas también ganan. Las y los caseros, por su parte, suelen resistirse a la negociación colectiva y tratan de instaurar negociaciones individuales, ofreciendo soluciones variadas y arbitrarias a diferentes hogares para sembrar la desconfianza y fragmentar el grupo. Sin embargo, a menudo, estas prácticas refuerzan el sentimiento de pertenencia entre personas hasta entonces aisladas. Los edificios se transforman en espacios en disputa. Balcones y ventanas se llenan de pancartas. En urbanizaciones compuestas por varios edificios, las pancartas se extienden de un bloque a otro. Los espacios comunes (entradas, patios, escaleras) dejan de ser lugares de tránsito para convertirse en lugares de encuentro. Los vecinos y vecinas se informan y apoyan mutuamente, se cuidan y comparten los miedos o dudas que puedan tener y se crea un fuerte vínculo entre ellas. Su relación no volverá a ser igual. Como declaró el portavoz de uno de los bloques en lucha, "antes éramos vecinos, ahora somos familia".

Por lo tanto, la propia experiencia de lucha modifica las relaciones entre inquilinas, dando lugar a formas de organización prefigurativas. Tanto los procesos organizativos como las vivencias cotidianas de lucha y empoderamiento, impulsan relaciones comunitarias que también se constituyen de forma antagónica. Estas no sólo se muestran enormemente eficaces para el desarrollo de los conflictos concretos, sino que hace que las y los inquilinos comiencen a desarrollar formas subjetivas e institucionales propias.

Las campañas de *#NosQuedamos* y *Bloques en lucha* constituyen huelgas parciales e indefinidas de alquileres. Durante el tiempo que dura la campaña, se interrumpe parcialmente el proceso rentista. La o el propietario no puede explotar su propiedad con libertad ilimitada ni extraer toda la renta que el mercado y la legislación le permiten; solo una parte. Una acción que incide en el proceso de acumulación y en el precio del activo. Las inquilinas e inquilinos sindicalizados que desafían a sus caseros y a la legislación rentista son una barrera al proceso de acumulación. Sobre todo, en un mercado cuyos mecanismos de fijación de precios están determinados a partir de expectativas de revalorización futura. ¿Qué expectativas puede tener una inversión sobre un inmueble en el que las y los inquilinos se declaran en huelga, desobedecen y no aceptan las subidas? Décadas de legislación neoliberal en materia de vivienda y suelo han consistido en transformar el entorno urbano y las viviendas en activos líquidos. La lucha sindical interrumpe este proceso, haciéndolo mucho más rígido y farragoso. De la misma manera que las huelgas de trabajadores desafiaron y definieron el carácter del capitalismo industrial, estas huelgas de alquileres se erigen como contrapunto al capitalismo rentista, marcando un paralelismo histórico en la evolución de la resistencia social frente a las distintas modalidades de explotación capitalista.

Durante los últimos años, miles de personas se han organizado de esta manera. Muchas han vivido durante años en situación de huelga indefinida, e incluso se han enfrentado a procedimientos judiciales. Pero la mayoría han ganado, aun teniendo la legislación en su contra. De esta forma se ha derrotado a los grandes fondos de inversión que operaban en el país, como Blackstone, Goldman Sachs o Azora, pero también a inmobiliarias de menor tamaño e incluso a caseros que son personas físicas con una sola vivienda en alquiler (las mal llamadas *particulares*).

La lógica de estas campañas consiste en señalar que el problema no es la o el inquilino, sino tanto la mercantilización de la vivienda como la legislación que posibilita el proceso rentista. Se parte de que el problema no es que la gente no pueda pagar el alquiler, sino que las y los caseros están legalmente autorizados a subir el precio todo lo que quieran al cabo de unos años, o a desahuciarlos sin motivo. Por lo tanto, la estrategia no consiste en encontrar mecanismos que garanticen la estabilidad en la vivienda de las personas inquilinas de forma individual. Se trata de organizarlas e implicarlas en el sindicato y, a través de la lucha sindical, enfrentarse al rentista y al marco jurídico-legislativo que los ampara, ya que es a partir de la lucha colectiva que se logra la estabilidad habitacional.

Al mismo tiempo, el propio proceso de lucha cuestiona dos elementos centrales de la gobernanza neoliberal. En primer lugar, se visibilizan los mecanismos políticos que sostienen esta situación y cómo, con otro tipo de política, estas situaciones no se producirían. En última instancia, los responsables son aquellos políticos que no están dispuestos a cambiar la ley.

En segundo lugar, se visibiliza el funcionamiento de la estructura rentista y se deslegitima el proceso urbano de acumulación. Además, se cuestiona el derecho de los caseros y caseras a disponer de su propiedad libremente (a subir los precios, a expulsar a los inquilinos e inquilinas o a mantenerla vacía). La organización sindical consigue transformar una acción defensiva –defender al inquilino–, en un proceso ofensivo –cuestionar el capitalismo rentista y sus mecanismos políticos, jurídicos y económicos de articulación–. Desde esta perspectiva, la solución al problema no pasa por ayudar a la persona afectada, sino por modificaciones legislativas y políticas que, de llevarse a cabo, supondrían un cambio profundo en el sistema.

El éxito de estas campañas también se debe a la fuerte presencia que han tenido en los medios de comunicación. Desde sus inicios, sindicatos de inquilinas e inquilinos han conseguido situar sus conflictos y reivindicaciones en la agenda mediática. Una parte importante de los conflictos del sindicato han pasado por programas de máxima audiencia de todas las televisiones del país. La lógica en estas siempre ha sido la misma: se parte de una situación defensiva –el derecho de la persona inquilina a no aceptar una subida abusiva–, para convertirla en una acción ofensiva: impugnar el capitalismo rentista como única forma de solucionar el problema de vivienda.

La fuerte presencia mediática ha permitido visibilizar los mecanismos y estructuras políticas del capitalismo rentista, señalando a partidos políticos, gobiernos, cargos públicos o instituciones como los responsables finales de la crisis. Al mismo tiempo, se han propuesto y difundo soluciones políticas alternativas, contrarias a las políticas neoliberales de las últimas décadas.

En estas intervenciones también se han cuestionado los principios básicos de la economía capitalista, tanto el derecho a la propiedad privada como la legitimidad del rentismo.

El éxito de estas intervenciones radica en conseguir su amplia aceptación y respaldo por parte de la sociedad. Son numerosos los ejemplos en los que estos discursos mediáticos, que desafían la estructura económica y política establecida, han recibido un apoyo social considerable. Un caso muy ilustrativo fue el del Bloque en Lucha de Argumosa 11, situado en el barrio madrileño de Lavapiés. En un país caracterizado por un fuerte racismo sistémico, un grupo de familias gitanas que habitaba cuatro viviendas del edificio había dejado de pagar el alquiler, ya que el casero les echaba para aumentar el precio de los alquileres un 300%. La organización y campañas en torno a este bloque fueron enormes y todo el proceso contó con una enorme presencia en medios. El día que se produjo el desahucio, que duró horas, los principales medios de comunicación realizaron conexiones permanentes en directo, incluso conectando con las retransmisiones desde la cuenta del sindicato. Fruto de meses de lucha, ese día se logró imponer un sentido común contrahegemónico. La legislación y el derecho a la propiedad quedaron relegados ante la convicción de que esas familias no debían ser desahuciadas. Este sentimiento fue incluso co-creado y propagado por las principales cadenas de televisión. Los desahucios en Argumosa 11 ejemplifican cómo la lucha de los sindicatos puede desestabilizar los consensos ideológicos que sustentan el capitalismo rentista, desafiando sus bases y exponiendo sus fisuras.

Al trasladar sus luchas a los medios de comunicación, se han promovido discursos y visiones que confrontan directamente las premisas del capitalismo rentista. Estas acciones representan el germen de un nuevo sentido común que cuestiona el papel de la vivienda en nuestras sociedades, la legitimidad del rentismo, ciertas modalidades de propiedad privada o la acumulación de propiedades. Dichas narrativas impulsan marcos culturales que impugnan la mercantilización de la vivienda y deslegitiman las políticas existentes, al tiempo que buscan apoyo para medidas alternativas que se presentan como *soluciones al problema*, pero que intrínsecamente desafían las estructuras político-económicas del neoliberalismo.

III. La lucha legislativa forma parte de la lucha de clases

Las huelgas de las y los inquilinos y las campañas de *Bloques en lucha* y *#NosQuedamos*, al igual que los usos estratégicos de los medios de comunicación, son cruciales para los sindicatos como ejes de organización sindical. Sin embargo, es imprescindible utilizar otros repertorios de acción para ir más allá del conflicto específico y que los sindicatos se constituyan como contrapoder. Además de estas campañas, se pueden identificar al menos otros seis repertorios de acción:

1. Ofrecer asesoramiento con el objetivo de informar a los inquilinos e inquilinas, pero sobre todo con el objetivo de que se organicen ante su casero;

2. Acciones directas de denuncia contra caseros, inmobiliarias, corporaciones o administraciones públicas, que por lo general pasan por la ocupación de sus oficinas o sedes;

3. Estrategias de acción sindical, como las *Brigadas inquilinas*, que consisten en mapear el territorio, los bloques, realizar *puerta a puerta* y establecer puntos de información, con el objetivo de impulsar nuevos procesos de organización sindical y de conflicto;

4. Manifestaciones y concentraciones de diversa índole a escala urbana, autonómica y estatal;

5. Alianzas con otros colectivos en torno a luchas clave, como el Primero de Mayo, la turistificación, los pelotazos urbanísticos o conflictos internacionales como el genocidio en Palestina;

6. Luchas legislativas para lograr cambios estructurales en el sistema de vivienda.

A continuación, vamos a detenernos en este último repertorio.

Desde la creación de los sindicatos, ha sido prioritario influir e incluso redactar las políticas de vivienda con el fin de cambiar la legislación. Pero nunca ha sido un fin por sí mismo, sino un elemento más de la estrategia integral de los sindicatos, por lo que la acción de los sindicatos se configura como no estado-céntrica (Gutiérrez, 2017). El objetivo no es la representación ni la integración institucional. La intención primordial es impulsar luchas en defensa de las y los inquilinos, y que el dinamismo de la lucha en sí catalice la creación de instituciones sindicales que refuercen la organización. Una lucha solo se gana si crece y se expande hacia distintos ámbitos, por lo que adopta distintas formas. En este sentido, la lucha legislativa no se contempla como un objetivo último, sino como una vía más dentro de un abanico de estrategias de confrontación. Tal como se expuso en el apartado previo, los sindicatos transforman una acción defensiva en un proceso ofensivo por medio de organizar a los inquilinos e inquilinas colectivamente, bajo tácticas sindicales y luchas prefigurativas que no solo buscan cambios inmediatos, sino que también fomentan la subjetivación y la cristalización de identidades políticas. Cada lucha, además, es un medio para fortalecer al sindicato, desarrollar instituciones sindicales y acumular

La lucha legislativa no se contempla como un objetivo último, sino como una vía más dentro de un abanico de estrategias de confrontación

fuerzas (aumentar la base de militantes, llegar a nuevos territorios o crecer en afiliados).

A través de la organización frente a infinidad de rentistas e inmobiliarias, el sindicato es capaz de organizar conflictos y lograr múltiples victorias concretas. Mediante la lucha legislativa, el sindicato traslada el antagonismo al seno del Estado con el fin de universalizar esas victorias, pues este es quien moldea y estructura todas las relaciones de explotación entre las y los inquilinos y rentistas. Por poner un ejemplo, entre 2018 y 2020, la campaña *#EnsQuedem* (*#NosQuedamos*) en Catalunya logró limitar los precios en más de 2.000 contratos de alquiler. Tras elaborar e impulsar la ley catalana de regulación de los alquileres, el sindicato logró más de 140.000 nuevos contratos a precio igual o menor (los que se firmaron entre septiembre de 2020 y marzo de 2022, mientras estuvo vigente la ley).

Por supuesto, las propuestas legislativas sindicales no son fácilmente integrables. Forman un *corpus* de medidas que en su conjunto promueven la desmercantilización integral de los sistemas de vivienda y de suelo, y en ese sentido son antagónicas con el Estado. Además, todas aquellas que se convierten en norma son boicoteadas de facto por el capitalismo rentista y por las propias administraciones, que raramente velan por su cumplimiento. Pero esto no es una expresión de las limitaciones intrínsecas a la batalla legislativa –ni siquiera del aparato institucional–, sino de la desigual correlación de fuerzas entre la patronal inmobiliaria y los sindicatos, lo que obliga a los últimos a establecer alianzas y aprovechar estratégicamente los cambios de contexto y las estructuras de oportunidad política para ensanchar los límites de lo posible. Dicho fácil, los contenidos de las leyes y sus posibles aplicaciones son una expresión más de la lucha de clases. La capacidad de crecer como contrapoder real pasa, en buena medida, por articular la batalla contra el rentista que te asfixia, con la pugna contra el ministerio de economía, que es su máximo garante.

IV. Victorias legislativas más allá de la ley

A pesar de que los sindicatos, en alianza con otros colectivos, han logrado que se aprueben políticas contrarias a la lógica del capitalismo rentista en el sector de la vivienda, estas iniciativas han sido relativamente limitadas y están lejos de cumplir con los objetivos de los sindicatos. Sin embargo, como movimiento no estado-céntrico, donde la lucha legislativa es solo uno de múltiples repertorios de acción, el éxito de estas luchas no puede evaluarse únicamente en términos de logros legislativos. Es necesario analizarlas en términos más amplios. Bajo esta perspectiva, podemos identificar tres impactos principales derivados de la lucha legislativa de los sindicatos.

1. *Influir en el proceso de acumulación y financiarización del entorno construido*

Las políticas de vivienda impulsadas por el sindicato son medidas que influyen en la intensidad con la que una vivienda en alquiler funciona como un medio para la acumulación de capital. Regular, congelar o bajar el precio de los alquileres; alargar la duración de los contratos; los impuestos especiales a la vivienda vacía; eliminar los privilegios fiscales de los inversores (las Socimi **2/**, Golden Visa) o de las y los caseros que son personas físicas; prohibir los alquileres turísticos y regular los contratos temporales; dilatar los procedimientos por desahucio o aumentar los derechos de las y los inquilinos de cualquier forma, son todas ellas medidas que influyen en la circulación del capital a través de la vivienda en alquiler y, por lo tanto, en la revalorización de las propiedades inmobiliarias. Estas medidas reducen la liquidez de la vivienda como un activo financiero, reducen las plusvalías inmobiliarias que se extraen, aumentan los tiempos de rotación del capital y, por lo tanto, influyen en las expectativas de revalorización futura de los activos. Además, son contrarias a las reformas políticas que transformaron la crisis de 2008 en un nuevo ciclo de acumulación inmobiliaria, por lo que interfieren y crean barreras al desarrollo del arreglo político-financiero impulsado tras la crisis 2008 por el Estado español y la Unión Europea.

De esta manera, las estrategias legislativas de los sindicatos suponen un problema para una economía articulada sobre la revalorización de los activos y la extracción de rentas. Tomemos el ejemplo de la reforma de la Ley de Arrendamientos Urbanos (LAU) en 2019, primera batalla legal del ciclo. En diciembre de 2018, el PSOE, de forma unilateral, reformó por decreto la LAU. Los sindicatos se posicionaron en contra de la medida y fueron actores clave de presión para que el Congreso votara en contra en enero de 2019: se realizaron acciones, se ocupó la sede del PSC en Catalunya, se presionó a los partidos para que votaran en contra y se deslegitimó la reforma en los medios de comunicación. Un mes más tarde, tras los desahucios de Argumosa 11, se volvió a negociar una nueva LAU que sí incluyera reivindicaciones de los sindicatos. Esta fue aprobada en marzo de 2019 y, entre otras medidas, prohibía las subidas de los alquileres mientras los contratos estuvieran vigentes (solo se podrían actualizar vinculados al IPC), y se amplió la duración de los contratos de alquiler de 3 a 5 o 7 años (dependiendo de si el propietario era una persona física o jurídica, respectivamente).

La reforma de 2019 revirtió un elemento clave del arreglo político-financiero aprobado por el Gobierno del PP de Mariano Rajoy en 2013 (acuerdo por el que se buscaba transformar la crisis de vivienda en un nuevo ciclo inmobiliario). Antes de 2013, una Socimi, para beneficiarse de privilegios fiscales, debía mantener la vivienda en alquiler y en propiedad durante al menos 7 años (un periodo demasiado rígido para las necesidades del capital oportunista que luego llegaría a España). La reforma del 2013 redujo el periodo a un mínimo de 3 años, por lo que se tuvo que reformar también la LAU con el fin de acoplarla a la nueva legislación de las Socimi, reduciendo los contratos de alquiler de 5 a 3 años (Gil y Martínez, 2022). La nueva LAU, al alargar los contratos a 5-7 años, dificultaría la circulación de capital por el mercado del alquiler español, al reducir su tasa de rotación y, por tanto, sus oportunidades de inversión; especialmente para inversiones altamente oportunistas y especulativas basadas en comprar barato y vender caro, y beneficiarse de la revalorización del inmueble en periodos cortos.

2/ Sociedades Anónimas Cotizadas de Inversión Inmobiliaria

Los resultados fueron inmediatos. Un ejemplo entre otros: ese mismo año, Domo Gestora, una Socimi con dos años de vida, decidió abandonar el régimen legal de las Socimi por la ampliación de la duración de los contratos. El modelo de la empresa se basaba en "mantener las viviendas tres años en alquiler y luego venderlas, obteniendo así unos retornos y unos dividendos estimados para los accionistas que, ahora, al obligarla a tener siete años los pisos en renta, han saltado por los aires" **3/**. La reforma de la LAU de 2019 es muy ilustrativa de cómo el uso de múltiples repertorios por parte de un movimiento puede incidir en el sistema legislativo y afectar a las posibilidades de acumulación a través del alquiler de viviendas.

La fuerte lucha legislativa de los sindicatos provocó una reacción en el bloque financiero-inmobiliario, forzándole a una mayor coordinación. Este bloque, liderado por fondos buitre como Blackstone, ha reaccionado creando nuevas organizaciones y unificándolas a todas bajo una sola patronal inmobiliaria (FIABCI), lanzando fuertes campañas de *lobby* contra las propuestas legislativas de los sindicatos, fichando a figuras clave del PSOE y difundiendo mensajes catastrofistas contra cualquier medida que interfiera en su negocio. De hecho, se ha convertido en un actor clave contra cualquier legislación que pretenda limitar las posibilidades de acumulación en el entorno construido.

La reorganización de la patronal y sus múltiples maniobras, cada vez más coordinadas, es también una prueba de que, a pesar de sus límites, las estrategias legislativas contrahegemónicas han tenido fuertes efectos. El ejemplo más claro es la manera en la que el bloque de poder rentista ha tenido que maniobrar para responder a las regulaciones introducidas por los sindicatos en las leyes de 2020 (ley catalana) y de 2023 (ley estatal). Los sindicatos golpearon primero, logrando que el Estado aceptase limitar (y bajar) el precio del alquiler, así como prohibir los honorarios de las inmobiliarias. La patronal respondió luego, logrando que el Estado no tocase los alquileres de temporada, que es la fórmula que está utilizando para seguir evitando todas las nuevas protecciones inquilinas. Como dijo un alto funcionario, "había que dejarles una vía de escape". Frente a estos procesos, es preciso evitar lecturas categóricas sobre los contenidos de las leyes y entender que la batalla legislativa es parte constitutiva de la lucha de clases, como lo es cualquier conflicto sindical.

2. *Herramientas de la lucha sindical*

Las reivindicaciones legislativas de los sindicatos son un medio para acumular poder sindical, ya que permiten abrir nuevos conflictos, intensificar las luchas y ampliar el alcance de los conflictos, lo que también se traduce en un crecimiento territorial del sindicato, de sus recursos, de sus miembros y de sus afiliados.

Volvamos a la reforma de la LAU de 2019. Esta reforma amplió la duración de los contratos de alquiler de 3 a 5-7 años. Pero también extendió, de 1 a 4 meses, el plazo que tienen las y los caseros para avisar a las personas inquilinas de la no renovación de su

3/ https://www.elconfidencial.com/empresas/2019-11-20/domo-deja-regimen-socimi-cambio-ley-alquileres_2344396/

contrato. Con esta reforma, el plazo mínimo para organizar a las personas afectadas se multiplica por cuatro, lo que crea un contexto mucho más favorable para la organización y la lucha inquilina. Además, al aumentar los años de contrato, aumenta el grado de conquista de la y los inquilinos: ampliar el contrato de alquiler de 3 a 5-7 años es un objetivo que hace que merezca más la pena enfrentarse al casero o casera y unirse al *#NosQuedamos*, porque la recompensa de la lucha es mayor (un periodo más largo de estabilidad segura en la vivienda). Por lo tanto, ampliar la duración de los contratos crea un contexto más favorable para la organización y lucha.

Otros ejemplos son la prohibición en 2019 de cobrar honorarios inmobiliarios a las grandes propietarias y de la apropiación indebida de fianzas, o la limitación en las actualizaciones de los precios de alquiler al 2%. A pesar de que muchas de ellas intentaron evadir estos límites para incrementar sus ingresos, igualmente se generó una situación que brindó a los sindicatos la oportunidad de lanzar nuevas campañas y abrir nuevos frentes de lucha. Esto les permitió extender su alcance a más personas, enfrentarse a más rentistas, organizar más bloques en lucha y aumentar su base militante y afiliativa.

Así, estos cambios legislativos fortalecieron la posición política de los sindicatos como contrapoder sindical, permitiéndoles crecer y acumular fuerza social de diversas maneras.

3. *Impulsar crisis de representación.*
Los sindicatos han ejercido una influencia decisiva para forzar a partidos políticos y gobiernos de todos los niveles administrativos a definir su postura en relación con las políticas promovidas por ellos. Esto se ha logrado a través de una combinación de estrategias: campañas continuas, una presencia notable en los medios de comunicación y una variedad de acciones políticas, incluida la presentación de propuestas legislativas propias. Quienes se resisten a adoptar estas políticas son públicamente señalados como responsables de los problemas de vivienda. En algunos casos, esto ha llevado a la organización de protestas y ocupaciones en las sedes de sus partidos, e incluso a la realización de *escraches* a sus dirigentes.

Por medio de estas campañas se definen marcos culturales antagónicos en relación a la cuestión de la vivienda y el papel de los partidos y gobiernos. Se plantea en términos dicotómicos: *o se apoya a las y los inquilinos, que suelen ser de los sectores de menores ingresos, o se favorece a los fondos de inversión y a las y los caseros que son personas físicas, que generalmente pertenecen a los estratos de mayores ingresos.* Esta narrativa posiciona a los gobiernos y partidos políticos como entidades que sirven principalmente a los intereses de los rentistas y del bloque financiero-inmobiliario. En definitiva, queda evidenciado que la posibilidad de implementar cambios legislativos que aborden eficazmente la cuestión de la vivienda está intrínsecamente ligada a la voluntad política. Esta realidad pone de manifiesto que ciertos partidos y gobiernos muestran reticencia o falta de disposición para llevar a cabo dichos cambios.

De este modo, las estrategias legislativas contrahegemónicas emprendidas por los sindicatos desencadenan dos procesos paralelos. Primero, erosionan la legitimidad y el respaldo social de ciertos partidos y gobiernos en lo que respecta a políticas de vivienda. Segundo, promueven el surgimiento de un nuevo sentido común en torno a la vivienda, que coloca a algunos partidos políticos y gobiernos en un plano de responsabilidad compartida por los problemas de vivienda, al mismo nivel que las instituciones financieras, las rentistas o las especuladoras. Este panorama conduce a un proceso de desafección entre los partidos y su electorado, lo que potencialmente podría culminar en crisis de representación.

Esta dinámica se hizo evidente cuando el PSOE, tanto a nivel estatal como en Catalunya, bloqueó inicialmente las propuestas del sindicato para que se regulara el precio de los alquileres. Sin embargo, una vez que la medida fue aprobada en Catalunya, todos sus principales municipios optaron por aplicarla, a pesar de tener la opción de no hacerlo. Asimismo, en los grandes municipios de Madrid donde el PSOE gobernaba en coalición con Podemos, se aprobaron las mociones promovidas por el sindicato a favor del control de alquileres, mientras que la ejecutiva nacional se mostraba contraria a la medida. De hecho, en marzo de 2023, el Grupo Prisa publicó una encuesta que mostraba que más del 80% del electorado del PSOE estaba a favor de limitar la subida de los precios de los alquileres **4/**. De esta manera, la batalla legislativa emprendida por los sindicatos tiene un doble componente: por un lado, desgasta a los políticos y partidos que se posicionan con el bloque rentista y, por otro, contribuye a forjar un nuevo sentido común en materia de vivienda entre las y los electores de estos partidos, orientándolos hacia posturas más radicales.

De este modo, las batallas políticas emprendidas por el sindicato pueden contribuir a la formación de un proceso más amplio de crisis de representación. Estas dinámicas funcionan como catalizadoras de crisis hegemónicas más extensas dentro del bloque dominante, las cuales pueden provocar estallidos sociales que, eventualmente, desencadenen cambios sociales y estructurales profundos. Aunque estos procesos se gestan al margen de la acción directa de los sindicatos, a través de dinámicas sociales que los superan, los sindicatos pueden contribuir a su formación cuando su lucha legislativa desgaste y tensione las estructuras políticas y de representación.

V. Horizontes prefigurativos desde la lucha por la vivienda

Desde la crisis financiera de 2008, la vivienda en alquiler se ha establecido como un eje central en los procesos de acumulación. Paralelamente, la *generación inquilina* ha emergido como un nuevo grupo social objeto de explotación. De este modo, la vivienda en alquiler no solo se ha transformado en un motor de desigualdad, sino también en un foco de tensiones y conflictos sociales. En este escenario, surgen a nivel mundial nuevas luchas y organizaciones de inquilinos e inquilinas de diversos tipos. Dichas iniciativas desempeñan un papel cru-

4/ https://ep00.epimg.net/infografias/encuestas40db/2023abr/2023_04_abril.pdf

cial en la intervención del proceso de acumulación y en la transformación de las relaciones de explotación de de las y los inquilinos en crisis políticas.

En este contexto, la lucha legislativa se erige como un frente esencial e ineludible del movimiento de vivienda. Esta permite abrir nuevas vías de lucha, interfiriendo en los procesos de acumulación, erosionando las estructuras y mecanismos de representación y desposesión, y propiciando el crecimiento de los sindicatos como organizaciones populares contrahegemónicas.

En este artículo hemos abordado el concepto de estrategias legislativas contrahegemónicas para analizar la lucha institucional de los Sindicatos de inquilinas e inquilinos. Consideramos que es un concepto que ayuda a comprender, contextualizar y reflexionar sobre aquellas situaciones en que las luchas por la vivienda se transforman en batallas clave contra el capitalismo rentista y las estructuras políticas que lo sostienen. Por eso, es un concepto que trasciende el caso español. Posiblemente, Berlín es el ejemplo más destacado: allí se ha logrado hundir en bolsa a los grandes caseros del país y establecer barreras significativas a la inversión urbana, creando incertidumbre sobre las posibilidades futuras de acumulación en la ciudad. Además, se ha desplazado a las posiciones políticas hacia postulados próximos a la intervención del mercado y se ha desgastado a los partidos adheridos a la política neoliberal (siendo el SPD el más afectado, que incluso ha perdido la alcaldía de la ciudad). También se han establecido nuevos marcos culturales en relación con la intervención y regulación del mercado, en los cuales la expropiación masiva a grandes propietarias se ha consolidado como una solución respaldada por la mayoría de las y los votantes. Este respaldo sin precedentes a una medida de tal magnitud evidencia la capacidad de los movimientos de transformar una reivindicación propia, que impugna las estructuras del capitalismo rentista, en una reivindicación asumida por las mayorías sociales, que además apunta hacia nuevos modelos de organización social.

En Berlín, todo esto se ha logrado trascendiendo las dinámicas de guetificación típicas de muchos movimientos sociales, superando diversas contradicciones, formando sólidas alianzas incluso con actores no siempre ideales, y convirtiendo la lucha institucional y el Estado en un ámbito en disputa, lo que ha posibilitado que la plataforma por la expropiación se establezca como un significativo contrapoder urbano (con una notable expansión territorial y una sólida estructura sindical).

En el Estado español, el movimiento de vivienda está fuertemente dividido en relación a la lucha institucional. Muchos colectivos reniegan de este frente de lucha, al considerarlo exclusivamente como estrategias de *lobby ciudadano*. Desde nuestra perspectiva, las estrategias legislativas contrahegemónicas son una forma necesaria para pensar la lucha institucional que, por medio de subordinar la lucha legislativa a la lucha general, potencia los resultados y éxitos del conjunto de luchas. Pero, sobre todo, es fundamental considerar estos aspectos en un contexto en el cual el capitalismo prioriza cada vez más el rentismo, al tratarse de su principal mecanismo de reproducción. En este escenario, las luchas legislativas en materia de vivienda se vuelven centrales, no solo como herramientas de emancipación social y de impugnación del orden constituido, sino también como medios para hegemonizar políticas que supongan una ruptura con el capitalismo rentista y prefiguren horizontes en los que la vivienda, al igual que el resto de bienes necesarios para la vida, estén fuera del mercado.

Javier Gil es miembro del Sindicato de Inquilinas e Inquilinos de Madrid, investigador del Grupo de Estudios Críticos Urbanos (UNED).
Jaime Palomera es miembro del Sindicat de Llogateres de Catalunya, investigador del Institut de Recerca Urbana de Barcelona (IDRA).

Referencias

Adkins, Lisa; Cooper, Melinda y Konings, Martijn (2020) *The asset economy.* Nueva Jersey: John Wiley y Sons.

Birch, Kean y Muniesa, Fabian (2020) "Introduction: Assetization and technoscientific capitalism", en *Turning Things into Assets in Technoscientific Capitalism,* editado por Kean Birch y Fabian Muniesa, Massachutsetts: The MIT Press, pp. 1-41.

Christophers, Brett (2022) *Rentier capitalism: Who owns the economy, and who pays for it?* Londres-Nueva York: Verso.

Gil, Javier y Martínez, Miguel A. (2022) "El Estado y la financiación de la vivienda en España tras la crisis de 2008". *Jueces para la democracia,* 104, pp. 71-86.

Gutiérrez, Raquel (2017). *Horizontes comunitario-populares. Producción de lo común más allá de las políticas estado-céntricas,* Madrid: Traficantes de Sueños.

Hirsch, Joachim (2020) "Despertando a los perros muertos: Entrevista", en *Estado y capital: el debate alemán sobre la derivación del Estado,* Madrid: Dado, pp. 541-46.

Jessop, Bob. (2017) *El Estado. Pasado, presente y futuro,* vol. 5. Reversos del Leviatan. Madrid: Los Libros de la Catarata.

Negri, Antonio y Hardt, Michael (2019) *Asamblea.* Madrid: Akal.

Ouviña, Hernán (2011) "Especificidades y desafíos de la autonomía urbana desde una perspectiva prefigurativa" en AA. VV., *Pensar las autonomías.* México: Sísifo.

Poulantzas, Nicos (1979) *Estado, poder y socialismo.* Madrid: Siglo XXI.

Thwaites, Mabel. (2004) *La autonomía como búsqueda, el Estado como contradicción.* Buenos Aires: Prometeo.

Futuro Anterior

La lucha contra el fascismo

León Trotsky

Prólogo de Ugo Palheta - Epílogo de Andy Durgan

Sylone vientosur

Incendio otoño

José Vicente Barcia

■ La trayectoria militante de José Vicente Barcia (Vigo, 1968) es bien conocida; ligada al ecologismo social, la causa saharaui y al municipalismo transformador, sobre todo. En el ámbito de la literatura, a su vez, nos ha ofrecido conjuntos de narrativa breve repletos de mirada crítica a los márgenes, ternura, rabia y pulsión utópica (como su mítico *El campo de estrellas*, con esa reveladora línea que dice "El poder para ser poder invoca al miedo"...). Su primer poemario, *Incendio otoño* (La Imprenta, 2022), abre una senda de introspección que le lleva a un repertorio de reflexiones sobre la madurez, la serenidad y el replanteamiento de nuestras convicciones y miedos sobre la finitud. Con paso tranquilo, sus poemas (breves en extensión pero de largo aliento en cuanto a resonancia) discurren por una meditación sosegada que analiza con perspectiva nuestro estar en el mundo y en la vida. Pero no se trata de un enjuiciamiento ensimismado, preocupado por su integridad, sino que el autor busca compartirlo, construirlo junto a los otros, pues sabe que es en lo colectivo donde nace y se celebra la vida buena. Y, precisamente, a ese horizonte tratan de apuntar los poemas de Barcia; hacia un habitar el presente digno y respetuoso con todo lo vivo al permanecer frente a la tensión de la muerte. A asumir esa característica inherente de la existencia, con su crudeza, pero también con la maravilla de comprender la verdadera trascendencia de nuestra respiración, nos empujan estos textos. A romper los espejismos, los impulsos y mecanismos que nos arrancan del ahora para ponernos en un más allá, en algo fuera de nosotras (llámese mitología, evasión o reificación), también nos impulsan las palabras de Barcia. Porque sólo ser conscientes del presente nos ayudará a construir los días con sabiduría, justicia social y empatía y pronunciarlos en un plural que incluya a todas.

Alberto García-Teresa

¿Y si no necesitáramos a la muerte para estar vivos?
¿Y si a las cuatro estaciones le quitáramos la última?
¿Y si pasáramos del culmen a la nada sin la náusea previa al no estar?
El otoño puede ser una nación sin capital.
El otoño puede ser una bandera sin certezas.

Un ovillo de lana hilvana con su amarillo los árboles de este bosque.
¡Cuánto somos!
¿El final?
No lo sé,
¿Y qué importa?
¡Siempre que dudamos nos nace una eternidad!

**

Compensamos el peso de nuestra historia atomizándola,
haciéndola nuestra en un mosaico de memorias,
en una flor múltiple de imágenes infinitas
que fueron incandescentes y que ahora están heladas.
Consecuencia de la suma de lo que fuimos,
la memoria tiene una verdad final:
¡Ya no habitamos su raíz!
Una vida
gobernada por el epicentro de su pasado
no puede desobedecer.

La memoria es una sustancia
arrebatada por los espíritus de nuestra identidad,
una matriz benevolente o asesina que aparece como lo vivo
dejando nuestro presente como un difuso
y traslúcido hálito de lo que fuimos.
Salta, salta, salta
para quizá caer
hacia la luz de un lugar no hollado por nuestra propia sombra.

El futuro es un cebo que nos empuja, que nos obliga, que nos excluye;
una pretensión que nos inhibe del ahora.
El futuro nunca fue nuestra casa, fue nuestra trampa;
una especulación dosificada cotidianamente
a la que fiamos todo por cuanto desgastamos nuestros pies.
No volaremos mañana, ni nunca,
si hoy, si ahora mismo
no persistimos en engendrar el núcleo mismo del riesgo,
no persistimos en ser mapas sin coordenadas.

No encontré luz en nuestra oscuridad
ni tampoco en el futuro, su bastión.
No hubo heroicos fulgores,
para los forzados militantes del crepúsculo
que comprendieron la oscuridad en la oscuridad.

**

La acción es parar, detener los dos tiempos,
el que fue y el que no existe.
La acción es confiar, no en lo que acumulamos,
sino en lo que nos convertimos.
Quebrantado el artificio
sentimos el fluido de todo:
el torrente de los ríos en nuestras venas y
nuestras sinapsis en el latido red de los bosques.
Ya no precisamos la arquitectura de la razón.
Nuestra inteligencia fue desbordada por nuestra piel
de caminos arqueados,
y por algo más que no sabemos qué es.
Es el fin de las instrucciones y el comienzo de los descubrimientos.
Toda la miel está en las flores.
Todas las revoluciones en nuestros puños
que fueron arado,
que temblaron,
que son puños abiertos
porque toman otras manos.

Nos movimos.
Llegamos.
Lo hicimos tras despojarnos de metas que no eran nuestras.
Llegamos desde el Remoto Singular,
desde la formidable y pavorosa extensión
de lo que nos une y desune en nuestro exterior;
desde el bárbaro y semi-ignoto paisaje que nos compone por separado.
Nos movimos.
Llegamos.
Somos
porque somos naves.

Nuestra opción jamás fue el latido,
porque nunca creímos en una vida de cristal.
Ya no pretendemos porque
serenamente
somos.
Alegrémonos,
que emerja cuanto se acoraza y atesora,
sonriamos ante la triste imagen de nuestros inútiles escudos,
por todo cuanto perdimos
y que nadie nos devolverá.
Sonriamos porque aquí
en el desgarro de nuestros descubrimientos,
finalmente
somos invencibles.

**

Demasiada soledad para lo incompleto.
Busca en la ciudad de los pozos
la ciudad de los espejos.

Profundidad y reflejo es cuanto vi.
La superficie ya no es el camino.
Sigamos hacia abajo en un planeta que gira.
Atravesemos la vida sin promesas
y con las manos sin peso,
repletas de vacío.

No será el tiempo quien incendie nuestras velas doradas.

Sopla en una travesía de ti mismo con los demás.
Sopla en tu propia vela,
hundiendo el remo hasta empaparte del misterio que alberga la profundidad
sobre la que flotas.

El tiempo no nos sabe,
ni nos odia,
solo nos contiene.
Vino que desea
que la botella se desgaste antes que se diluya su contenido.

La aventura es nuestro peregrinaje.
¡Qué pequeños nos estamos volviendo en estos momentos!
Ni camellos, ni leones, ni señores del mundo,
tan sólo niños en este vendaval, desobedeciendo.

Un secreto disuelto en un murmullo:
el invierno,
su invierno no nos tomará inmóviles,
porque escaparemos jugando.

**

Incapacitado para dejar de crecer
a través de nuestras vidas.
Albor que esprinta hasta su omega
y vuelta a empezar.
No nos pronuncias
aunque te habitemos,
inaprensible alumno de cuanto vives.
Del tiempo lo que tememos
es lo que haya aprendido de nosotros.

El ahogo no estaba en el mar.
No nos morimos por el tiempo,
porque el tiempo siempre llega después.

Ahora esperamos a todos,
aunque ya no esperamos nada,
en un puerto flotante de la periferia del tiempo.
Somos
porque somos puertos.

Nuestra piel es una orilla.
La distancia es una cuerda de agua tendida entre el exilio de lo pretérito
y la incertidumbre.

Llegan con sus cuerpos y escafandras,
con sus escamas y valentías.
Los observamos detenidamente,
con sonrisas que son columpios de media luna.
Pero no los levantamos.
Vienen con sus cuerpos desgastados por la vida y el salitre.
Pasan las horas y algunos no reaccionan.
Varados, se mecen leñosos
y retornan a la distancia y se marchan flotando.
Son exploradores de remolinos que ya están al margen del tiempo.

Los demás, los otros, ellos,
cuando se levantan y descubren por sí mismos
ya no son los demás, ni los otros, ni ellos.
En ese punto nos sonreímos
y somos Casa.

**

Somos otoño
hilvanado.
Somos lo que hay entre un tiempo y otro,
hijos de la tierra de nadie.

Al fin nos ha desnudado la fragilidad.
Nuestros cuerpos ya no son templos.
Ahora son puentes.
Nuestras voces aunadas a través de una voluntad de querer estar,
dicen que podemos vivir si aceptamos ser palabras, verbos,
y nombres escritos en minúscula.
Somos palabras que solo pueden vivir si son pronunciadas
en plural.
De la noche somos
materia oscura sobre la que rotan
estrellas en constelaciones.

Buitre
María Ángeles Maeso
Huerga y Fierro, 2023
118 pp. 15 €
Carmen Ochoa Bravo

■ Ángeles Maeso nació en Valdanzo (Soria). Este libro es un homenaje a su tierra, a su pueblo, a su lenguaje, a su naturaleza. Y también a su padre, a su madre, incluso a ella misma. Es el descubrimiento de la fusión de unos personajes tan unidos a la tierra en la que habitan, que la luna, el sol, las nubes, el buitre se transforman en sus narradores, que piensan y hablan como dioses arcanos que observan el mundo. Y es tanta la simbiosis que a veces cuesta reconocer de quién proceden las palabras.

La narración, en apariencia, es sencilla. Una profesora viaja a su pueblo para pasar un fin de semana cuidando y acompañando a su madre, perdida ya la cabeza, y a su padre. Habla de la España labradora en tierras casi vaciadas, olvidadas.

El prólogo del libro es original. Comienza con la ternura de una imagen, en color. Un pañito bordado, por la bisabuela, con punto de cadeneta, matizado en las dos figuras centrales. Un hombre y una mujer. Él labrador con azada, ella con traje regional; identidad de tiempo y espacio. Y así, simbólicamente, entramos en los tres personajes centrales, en su lugar en el mundo.

La luna narra el primer capítulo centrado en la profesora y su trabajo. Y también ella cerrará la historia. Su vida laboral, personal, los llena. Trabajos de subcontratas en los que "solo quedan pavesas" de los derechos laborales. Horarios extremos, en diferentes centros, cubriéndolos sin resuello. "Y, todo su cuerpo de mujer mayor sabe que su miedo sirve de alimento al buitre".

La tierra, en primera persona, la recibe relatando los cambios en el campo a través de los años. "Se me echaron encima los tractores, las televisiones... y se fue la gente. Y el resultado de ese trasiego es este desierto". Y la primera conversación en la casa: "Las plantas, por la noche, es cuando más hacen"; el abanto o buitre, inmenso, que ha asustado a todos. La casa inmutable, las piedras pegadas con cemento hace años, tan fijas como las rutinas milenarias, las conversaciones y las historias repetidas una y otra vez. "Los oigo. Hablan de mí como si ellos fueran otra cosa. Como si no fueran idénticos a mi sustancia, como si al decir tierra no quedáramos igualados", dice la tierra. La confusión de la madre, su inquietud, su impaciencia atravesando las páginas con una mezcla de ternura y surrealismo en sus diálogos.

Así van apareciendo sus temas centrales: el trabajo en el campo de la mujer, del hombre, y su abandono. También los cuidados sociales y de la familia y de su difícil acoplamiento, las enfermedades de la vejez, sus miradas "empañadas en tristeza o colgadas no se sabe de qué, tan hecha tierra". Y ese maravilloso vocabulario de palabras olvidadas: tenada, horcos, dalles, de pueblo...

Emocionante, extraordinaria, recomendable.

La risa de las mujeres.
Una historia de poder
Sabine Melchior-Bonnet
Alianza, 2023
424 pp. 25 €
Alberto García-Teresa

■ Algo tan aparentemente cotidiano e ingenuo como la risa también está regido por las relaciones de poder; también está sometido a los dictados del patriarcado. Por eso, nuevamente, las mujeres deben quedarse relegadas a la contención, al disimulo, a no destacar para no desbaratar la posición subalterna y de servicio donde se las quiere tener. Y, de ahí, entonces, que la risa (esa risa que nos agita el cuerpo, que nos escala por el cuerpo sin permiso de una manera liberadora) esté restringida para las mujeres a la intimidad y quede esbozada únicamente como una tímida sonrisa siempre complaciente.

La francesa Sabine Melchior-Bonnet elabora un amenísimo recorrido histórico (pero, en verdad, cultural) por las distintas manifestaciones en las que se recoge el asunto de la risa en las mujeres a lo largo de la historia de la literatura y del arte. Lo hace con una perspectiva internacional, desde la Antigüedad clásica, con eclecticismo, rigor y calidad documental. Con todo, esta investigadora logra un texto que no pierde profundidad a pesar de la fluidez o de los continuos saltos entre citas de libros y cuadro. Se apoya en las figuras de autoridad (filósofos, científicos, escritores, pintores... hasta textos religiosos) para revelar cómo se han ido reiterando las normas de conducta respecto a este tema a lo largo de los siglos; cómo se ha ido insistiendo en condenar la risa femenina con argumentos morales, sociales y hasta estéticos. Las normas del decoro son una pieza más en esa maquinaria abrumadora de contención y doma. Por tanto, este libro no recoge cómo (no) se han reído las mujeres, sino las maneras en las que se ha descalificado su risa desde las posiciones de poder y cómo se ha instado al control social con ello. No sólo a quienes se reían, sino también a las profesionales que se dedicaban a provocar la risa. En ese sentido, pasma el averiguar que, antiguamente, en el teatro, los papeles de mujeres que generaban comicidad eran interpretados por varones. Al mismo tiempo, con mucha habilidad, Melchior-Bonnet elabora en estas páginas un ágil y documentadísimo tratado de la risa (organizado en última instancia según una tipología) donde se cruza lo sociológico y lo fisiológico.

La risa hace salir a las mujeres de su marco de feminidad. Por eso, en el libro subyace la propuesta de recuperar y extender la risa de las mujeres en sí, sin más objetivos, como herramienta política; como subversión. De la lectura de esta obra, así, se extraen varias conclusiones. Desde la más elemental que evidencia cómo el patriarcado moldea toda actividad cotidiana a cómo el canon cultural impone y reconduce la hegemonía, pasando por la muestra de la represión a la que es sometido el cuerpo y la voluntad de las mujeres.

La odisea rusa.
Una historia económica de Rusia: de la Revolución a la guerra en Ucrania
Laila Porras Musalem
Penguin Random House, 2023
341 pp. 14,24 €
Sergio Pawlowsky Glahn

■ Para entender los motivos que llevaron al régimen ruso a invadir Ucrania en febrero de 2022, la autora sostiene que es preciso conocer la historia reciente de este vasto país. Un país que durante todo el siglo XX ha conocido profundos cambios sistémicos, muchas veces traumáticos para el conjunto de la población. El paso de una sociedad agraria a una gran potencia industrial tuvo un coste social difícil de imaginar.

Así, el libro arranca con un análisis de la evolución económica a partir de la Revolución de Octubre de 1917, desde la *economía de guerra* de 1917-1921 hasta la reinstauración del capitalismo en las postrimerías del siglo. Con la caída de Gorbachov llegó luego la desintegración de la URSS y la constitución de la Federación Rusa. Durante la presidencia de Borís Yeltsin, conoció una decena de años convulsos que supusieron la transformación de la economía socialista en un sistema capitalista al amparo de una verdadera *terapia de choque*, que también trajo la formación de una clase oligarca y un aumento de la desigualdad social y el empobrecimiento de la población.

La depresión económica de 1998 propició la llegada al poder de Vladímir Putin con la promesa de restablecer el orden institucional y el fortalecimiento del Estado. El nuevo presidente se aseguró la lealtad de los oligarcas y logró revitalizar la economía a base de proyectos de infraestructuras para el transporte de hidrocarburos, la gran baza comercial del país. Los primeros mandatos de Putin trajeron una mejora del nivel de vida y cierta recuperación de las políticas sociales.

Sin embargo, la crisis de 2009 reveló las limitaciones de la economía rusa y los desequilibrios regionales y sociales endémicos del país que lastran su desarrollo. Ante el creciente descontento de la población, Putin reforzó las políticas de orden público y control social, al tiempo que propició la propagación de la ideología nacionalista, llegando incluso a glorificar el pasado imperial zarista. Ante los avances de la OTAN, con la incorporación de países fronterizos con Rusia, el choque con Occidente era inevitable. Putin decidió evitar a toda costa la integración de Bielorrusia, Ucrania y Georgia en la Alianza Atlántica, pero en el caso de Ucrania se interpuso la revuelta de Maidán en 2014.

En el epílogo, la autora formula un balance de la invasión de Ucrania: "Finalmente, [al] medir el fracaso o éxito de la invasión rusa a Ucrania, si se toma en cuenta el deseo durante años por parte de Moscú de acercar a su país vecino y estrechar las relaciones económicas, políticas y de cooperación con Kiev, [está claro que] la decisión de invadir Ucrania no parece racional y se traduce en un fracaso".

Ramona, adiós
Montserrat Roig
consonni, 2023
198 pp. 18,90 €
Julia Cámara

■ Podría pensarse que Monserrat Roig no necesita presentación. *Ramona, adiós* (1972), la primera novela publicada por una de las más brillantes voces de la literatura catalana, tampoco. Sin embargo, las obviedades casi nunca son tales. Roig forma parte de toda una genealogía de mujeres (Laforet, Rodoreda, Martín Gaite) que se enfrentaron literaria y vitalmente a la inmensidad de ser mujer en el siglo XX, y que desde ahí retrataron magistralmente las sociedades española y catalana de unas décadas convulsas y contradictorias. Con esta nueva traducción al castellano (a cargo de Gemma Deza Guil), la editorial consonni pone en nuestras manos un espejo o un chillido o un cuchillo; algo en lo que mirarnos o con lo que abrirnos de cuajo para vernos en nuestras madres y en nuestras abuelas y en nosotras mismas. Una bomba dolorosa y bellísima.

Ramona, adiós tiene muchas lecturas. Una es la lineal: tres vidas de tres mujeres encadenadas familiarmente, con sus miedos y sus deseos y sus angustias. La autopercepción, la reflexión acerca de una misma que tres mujeres llamadas Ramona van desgranando, y que sería imposible imaginar de no ser por la militancia feminista de la escritora. La segunda lectura obvia es la de la temática fundamental, o al menos la más brillante en la superficie: el amor como cosa extraña e incomprensible, como magma que constituye todo lo que tiene sentido en la vida y que a la vez le arrebata cualquier tipo de significado a lo que éramos antes. Por tanto, no es un libro sobre tres amores; de ser, sería un libro sobre el amor mismo. Pero las otras lecturas posibles se imponen y *Ramona, adiós* termina por ser un libro sobre la humillación y la reafirmación personal, sobre los usos del sexo, sobre los quiebres de la memoria, sobre la hipocresía de clase, sobre la admiración femenina (qué tremendo personaje el de Kati), sobre la condena de la maternidad y sobre todo lo que contiene el silencio (imposible no pensar, aquí, en la Andrea de *Nada*).

Dice Luna Miguel en el prólogo que las vidas de las tres Mundetas contienen "todas las aspiraciones de la feminidad misma". Asiento: es así. Dice también que el título escogido por Montserrat Roig es *enigmático*, y ahí ya no puedo estar de acuerdo porque la evidencia se va abriendo firme y límpida a través de la lectura. La presencia poderosa de Mundeta Jover, replegada sobre su adoración por la belleza como estrategia de supervivencia. La inseguridad de Mundeta Ventura, anulada por su madre y por su marido y por un mundo que no entiende. La dignidad de Mundeta Claret, enganchada a un capullo al que entran ganas de partirle la boca. Quiero pensar que éste último adiós no es, como los de su madre y su abuela, el adiós a la intensidad que puede ser la vida. Quiero creer que es una victoria: el punto de partida.

Historia del movimiento libertario español. Del franquismo a la democracia
Julián Vadillo
Catarata, 2023
272 pp. 20 €
José Luis Carretero Miramar

■ Julián Vadillo es uno de los más conocidos historiadores del movimiento libertario. En este volumen, que finaliza la trilogía compuesta por su *Historia de la CNT* y su *Historia de la FAI*, narra las peripecias del anarcosindicalismo desde el final de la Guerra Civil hasta la actualidad.

Se trata de un período convulso, complejo y muy complicado de historiar. Los años del exilio y la lucha en la clandestinidad, durante el franquismo, constituyen largas décadas de conflictos internos, feroz represión y frustradas tentativas de reorganización del movimiento libertario. Las escisiones, las caídas de los comités cenetistas en manos de la policía franquista, los intentos desesperados de algunos militantes de reconstruir un mínimo espacio sindical, aún mediante tratativas con los monárquicos o determinados sectores del falangismo (que fueron claramente desautorizadas por la organización) ocupan unos años duros y dominados por la sangre, la mugre y el sufrimiento destilados por la dictadura franquista y su aparato represivo.

Vadillo, en base a un gran trabajo documental y una gran capacidad didáctica, muestra estas décadas oscuras del anarcosindicalismo como un gran caleidoscopio de iniciativas, muchas veces desesperadas y plenas de riesgo, tendentes a la reconstrucción del movimiento anarcosindicalista en el interior de España y a su reorganización y confluencia en el exilio. Iniciativas que no consiguieron cuajar políticamente, pero que dan fe de la dignidad y valentía de los militantes libertarios en uno de los momentos más siniestros de nuestra historia.

El libro trata más esquemáticamente la trayectoria del movimiento libertario desde la Transición. Nos presenta el rosario de escisiones y conflictos que descompusieron la CNT desde los años setenta, pero se centra fundamentalmente en la historia de quienes mantuvieron las siglas históricas. Este es, sin embargo, un período de la historia libertaria que también ha sido tratado en otros interesantes estudios de Gonzalo Wilhelmi y Pablo Carmona.

Tanto Vadillo como Wihelmi o Carmona pertenecen a una generación posterior a la de los setenta que ya se encontró en el inicio de su militancia y compromiso político una CNT dividida por luchas cainitas. Por eso han realizado un especial esfuerzo por entender las razones de esos conflictos desde una posición que intenta ser objetiva, y que se vincula con las tentativas de construir espacios (discursivos y orgánicos) para una nueva confluencia del anarcosindicalismo. Vadillo, de hecho, termina el volumen que reseñamos con una referencia a estos intentos.

La recuperación de la memoria del movimiento libertario es una necesidad esencial para la reconstrucción y extensión del sindicalismo combativo en nuestro país.

Nada es verdad
Verónica Raimo
Libros del Asteroide, 2023
207 pp. 18,95 €
Nuria Hernández González

■ Que el lenguaje es ambiguo y en esa cualidad reside su belleza y su potencialidad lo descubrí en la infancia. Que una historia tiene varias lecturas lo aprendí releyendo algunos textos y compartiendo impresiones en el club feminista de #lasinquietas de La Libre de Barrio.

Pero hay cosas que, a pesar de saberse, de haberse constatado muchas veces, me maravillan cada vez que ocurren, como una especie de descubrimiento. *Nada es verdad* es uno de esos libros capaces de obrar ese prodigio que busco en la literatura.

El título no deja lugar a dudas. Sin embargo, en apenas doscientas páginas, Verónica Raimo nos invita al cuestionamiento y a la reflexión sobre una cantidad de temas muy profundos que son tratados desde la carcajada. Según están las cosas, la risa me parece ya un regalo y hay quién puede encontrar en este libro un bálsamo contra la amargura, un tono desvergonzado, un tiempo de disfrute literario. Eso está bien y es una de las formas de abordarlo.

Si os apetece pasar un buen rato, leedlo.

Pero aquí hay mucho más, hay lucidez sin florituras, hay crítica social sin aspavientos, hay preguntas fundamentales que aunque no se formulen directamente flotan entre las líneas.

Está la familia como estructura que atrapa (en este caso literalmente, con la obsesión del padre por levantar paredes), que configura y, a veces, daña. Sólo en este conflicto ya caben un montón de cosas (la privacidad, el deseo de reconocimiento, la manipulación, la rivalidad...) La frustración y el miedo a decepcionar, a no representar el personaje que nos han asignado con suficiente credibilidad.

La familia, menudo melón. Pero aquí hay mucho más.

Está el duelo, en sus múltiples formas y elaboraciones. Están la maternidad, la identidad, el sexo, las relaciones de pareja, de amistad, de dominación, los vínculos en general. Está la mentira, por supuesto. Los motivos que nos empujan a ella: la vergüenza, el miedo, la fantasía, la culpa, pero también la pereza o la búsqueda de razones para una realidad que, en muchos casos, no nos pone sencillo encontrar la coherencia.

Si os apetece pensar sobre estas cosas, leedlo.

La historia, el nudo y el desenlace no son lo más valioso de este libro, sino la constatación de que todo es nudo y dentro de la madeja nos movemos como podemos, cayendo muchas veces en la paradoja. (guiño, guiño, carcajada).

Está el cuerpo, están el tiempo, la distancia y la memoria. La desaparición, la invisibilidad, la vida. Y una verdad tremenda que todas hemos sentido y que no siempre nos reconocemos: la necesidad de que el universo sepa que existes.

Abordar tantos temas y hacer de esa incursión un viaje divertido me ha parecido toda una proeza. “Después de todo, si hay algo bueno -o malo- en hablar de literatura es que siempre resulta ser un pretexto para hablar de otra cosa”.